आ नो भद्राः क्रतवो यन्तु विश्वतः ।
Let noble thoughts come to us from every side.
Rigveda, I-89-i

श्री चिन्मय काव्य

SRI CHINMOY KAVYA

POEMS OF SRI CHINMOY

हिन्दी रूपान्तर : डॉ. पी. जयरामन
Hindi Version : Dr. P. Jayaraman

वाणी प्रकाशन
VANI PRAKASHAN

वाणी प्रकाशन

4695, 21-ए, दरियागंज, नयी दिल्ली 110 002

4695, 21-A, Daryaganj, New Delhi 110 002

शाखा

अशोक राजपथ, पटना 800 004

Branch

Ashok Rajpath, Patna 800 004

फ़ोन : +91 11 23273167 *फ़ैक्स :* +91 11 23275710

www.vaniprakashan.in
vaniprakashan@gmail.com

Sri Chinmoy Kavya
by Sri Chinmoy
Hindi Translation : Dr. P. Jayaraman
First Edition was published by Bharatiya Vidya Bhavan,
Mumbai, India in 1991

Cover Painting by Sri Chinmoy

ISBN : 978-93-5072-389-0
Poems

This Second Edition is Published in 2015 by Vani Prakashan, New Delhi, India
with the approval of Bharatiya Vidya Bhavan, Mumbai, India,
Bharatiya Vidya Bhavan, USA and Sri Chinmoy Centre, New York

आवरण चित्र : श्री चिन्मय

प्रथम संस्करण : भारतीय विद्या भवन, मुम्बई, भारत, 1991
द्वितीय संस्करण : वाणी प्रकाशन, दिल्ली, भारत, 2015
(भारतीय विद्या भवन, मुम्बई, भारत, भारतीय विद्या भवन, यू.एस.ए.
एवं श्री चिन्मय सेंटर, न्यू यॉर्क के अनुमोदन के साथ)

मूल्य : ₹795, $ 25.00
Price : ₹795 $ 25.00

प्रिंटलैंड डिजिटल, नयी दिल्ली 110 020

वाणी प्रकाशन का लोगो मक़बूल फ़िदा हुसेन की कूची से

PHOTO BY RANJANA

श्री चिन्मय

Sri Chinmoy

PREFACE TO THE SECOND EDITION

We are proud to write these few lines as Preface to the second edition of the book "Sri Chinmoy Kavya" (Poems of Sri Chinmoy) which is being brought out by Vani Prakashan, New Delhi, India with the permission of Bharatiya Vidya Bhavan, Mumbai, India, who had published the first edition in 1991.

The contents of this edition are the same as that of the first edition; that is, the selected English poems of a spiritual nature by Yogi, Mystic and Philosopher-Poet Sri Chinmoy, together with their Hindi versions by Dr. P. Jayaraman. Other contents of the first edition such as 'Foreword' by the late Shri S. Ramakrishnan, and 'Introduction to Sri Chinmoy's Poems' by the late Dr. Kunvar Chandra Prakash Singh, and 'A Few Words' by Dr. P. Jayaraman have also been retained in this edition. Poet Sri Chinmoy's Profile and Dr. P. Jayaraman's Biographical sketch have both been revised and updated.

With these words, we present this bilingual (English-Hindi) publication "Sri Chinmoy Kavya" (Poems of Sri Chinmoy) for the benefit of peace-loving, spiritual poetry lovers. We hope it will be welcomed and enjoyed by a wider readership and Sri Chinmoy's vision of Universal Peace will brighten the heart of every reader of these poems.

Today we don't have Yogi poet Sri Chinmoy amidst us; but, we are sure that, through these poems, his Eternal Soul will always show the bright path to all human beings, everywhere.

August 15, 2014

Dr. P. Jayaraman

द्वितीय संस्करण की भूमिका

''श्री चिन्मय काव्य'' के इस द्वितीय संस्करण की भूमिका के रूप में निम्नलिखित कुछ पंक्तियाँ लिखते हुए हम गौरव अनुभव कर रहे हैं। इस पुस्तक का प्रथम संस्करण सन् 1991 में भारतीय विद्या भवन, मुम्बई, भारत ने किया था; और उनके अनुमोदन के साथ इस द्वितीय संस्करण का प्रकाशन वाणी प्रकाशन, नयी दिल्ली, भारत कर रहा है।

इस संस्करण की विषय वस्तु वही है जो प्रथम संस्करण की थी–अर्थात् योगी, रहस्यवादी दार्शनिक कवि श्री चिन्मय की चुनी हुई आध्यात्मिक स्वरूप की अंग्रेज़ी कवितायें और डॉ. पी. जयरामन द्वारा किया गया उन कविताओं का हिन्दी रूपान्तर, ''दो शब्द'' शीर्षक के अधीन दी गयी भूमिका, स्व. श्री सु. रामकृष्णन की प्रस्तावना और स्व. डॉ. कुँवर चन्द्रप्रकाश सिंह का श्री चिन्मय काव्य परिचय।

इस संस्करण में कवि श्री चिन्मय और डॉ. जयरामन का संक्षिप्त परिचय संशोधित एवं अद्यतन कर प्रस्तुत किया गया है।

इन शब्दों के साथ हम श्री चिन्मय काव्य के इस द्विभाषिक (अंग्रेज़ी-हिन्दी) संस्करण को शान्ति-प्रिय आध्यात्मिक काव्य-रसिकों की सेवा में पेश करते हैं। हम आशा करते हैं कि पाठक इस संस्करण का स्वागत करेंगे और श्री चिन्मय जी की विश्व शान्ति की तेजोमय दृष्टि इन कविताओं के हर पाठक के अन्तस्तल को उज्ज्वल करेगी।

योगी कवि श्री चिन्मय जी आज हमारे बीच नहीं रहे; पर हमें इस बात का पूर्ण विश्वास है कि उनकी अमर आत्मा मानव मात्र के लिए इन कविताओं के द्वारा ज्योतिर्मय पथ प्रदर्शक सिद्ध होगी।

अगस्त 15, 2014 **डॉ. पी. जयरामन**

A FEW WORDS

Bharatiya Vidya Bhavan is privileged to bring out this bilingual (English-Hindi) publication of poems of Mahayogi Sri Chinmoy, the foremost mystic and spiritual poet of the 20th century. Sri Chinmoy has been tirelessly striving to create international peace and has been accepted as peace ambassador by the world community. Sri Chinmoy lives, breathes, teaches and meditates for peace and peace alone. He has written thousands of poems in Bengali and English. We have included only a few of his English poems in this volume together with their Hindi version. All his poems are the creations of a meditative soul.

Our desire is that the poems of Sri Chinmoy should reach the masses all over the world in their own languages. This is our humble attempt to present them in the original, as well as with their poetic translations in Hindi, so that they may reach all Hindi-speaking people and create in them a love and yearning for peace. We are sure that this bilingual publication will inspire others to bring out the poems in other world languages as well.

Our sincere thanks are due to Shri S. Ramakrishnan, Executive Secretary, Bharatiya Vidya Bhavan, for his scholarly foreword to this book. Despite his extremely busy schedule, he could write this foreword due to his reverence for Sri Chinmoy and his love for spiritual poetry.

We also thank the venerable scholar and former Vice-Chancellor of Magadh University, Dr. Kunvar Chandra Prakash Singh, for obliging us with his scholarly words of appreciation of Sri Chinmoy's poetic creations in such a literary manner.

दो शब्द

बीसवीं शती के सर्वोत्तम रहस्यवादी तथा आध्यात्मिक कवि महायोगी श्री चिन्मय की कविताओं का यह द्विभाषिक (अंग्रेज़ी-हिन्दी) प्रकाशन प्रस्तुत करते हुए भारतीय विद्या भवन गौरव का अनुभव कर रहा है। श्री चिन्मय अन्तरराष्ट्रीय शान्ति स्थापित करने के लिए अथक प्रयास करते आ रहे हैं और विश्व समुदाय ने उन्हें शान्ति-दूत के रूप में स्वीकार किया है। वे जीते हैं, श्वास लेते हैं, शिक्षा देते हैं और ध्यानमग्न रहते हैं शान्ति के लिए—केवल शान्ति के लिए। उन्होंने बंगला और अंग्रेज़ी में हज़ारों कविताएँ लिखी हैं। हम इस ग्रन्थ में उनकी कुछेक अंग्रेज़ी कविताओं को उनके हिन्दी रूपान्तर के साथ दे रहे हैं। उनकी तमाम कवितायें एक ध्यानस्थ आत्मा की निर्मितियाँ हैं।

हम चाहते हैं कि श्री चिन्मय की काव्य सृष्टियाँ सारे विश्व में जन सामान्य तक उसकी अपनी-अपनी भाषा में पहुँचें। उनकी मूल कविताओं को उनके काव्यमय हिन्दी रूपान्तर के साथ प्रस्तुत करने का हमारा यह विनम्र प्रयास है जिससे कि वे हिन्दी जानने वाले सभी लोगों के पास पहुँचें और उनमें शान्ति के लिए प्यार और ललक पैदा करें। हमें विश्वास है कि यह द्विभाषिक प्रकाशन श्री चिन्मय की रचनाओं को विश्व की अन्य भाषाओं में भी प्रस्तुत करने की प्रेरणा प्रदान करेगा।

भारतीय विद्या भवन के कार्यपालक सचिव श्री सु. रामकृष्णन ने इस ग्रन्थ के लिए अपनी विद्वत्तापूर्ण प्रस्तावना प्रदान की है—उसके लिए हम उनके आभारी हैं। अपनी अतिशय व्यस्तता के बावजूद वे यह प्रस्तावना प्रस्तुत कर सके—यह श्री चिन्मय जी के प्रति उनकी श्रद्धा का परिणाम है।

वरिष्ठ साहित्यकार एवं मगध विश्वविद्यालय के भूतपूर्व उप कुलपति डॉ. कुँवर चन्द्रप्रकाश सिंह ने श्री चिन्मय की काव्य-सृष्टि की साहित्यिक सौन्दर्ययुक्त एवं विद्वत्तापूर्ण संस्तुति प्रदान करने की कृपा की है—अतः हम उनको धन्यवाद देते हैं।

इस ग्रन्थ के प्रकाशन की अनुमति देकर श्री चिन्मय जी ने बड़ी कृपा की है—अतः हम उनके प्रति अतिशय विनम्रतापूर्ण श्रद्धा अर्पित कर रहे हैं।

We, with prayerful humility, offer our respectful thanks to Sri Chinmoy for kindly allowing us to bring out this publication.

With these words, we present this book for the benefit of Hindi readers and peace-loving and spiritually oriented people of the world.

August 27, 1991

P. Jayaraman
for Bharatiya Vidya Bhavan

इन शब्दों के साथ हम इस ग्रन्थ को सुधी हिन्दी पाठकों एवं शान्तिप्रिय तथा आध्यात्मिकता की ओर उन्मुख विश्वजन की सेवा में प्रस्तुत करते हैं।

27 अगस्त 1991

पी. जयरामन

भारतीय विद्या भवन के लिए

FOREWORD

India is the Motherland of the Spirit. From this land first emanated enquiries into the ultimate goal of man.

In India, that is Bharat, the seers and sages first envisioned and propounded the doctrine of the immortality of the soul. And it is our *Upanishads* which first addressed mankind as *Amrutasya Putraah,* "Children of Immortality." This is the land which gave birth to the concept of *Vasudhaiva Kutumbakam* – "The world is one family," and *Vishwaneedham* – "The world is one nest."

Long before the influence of Greece and Rome came to be felt, even before Egypt and Babylon made their impact on the world, India, famed as the cradle of culture and civilisation, had a succession of seers and sages who had peered into the beyond and realised the real meaning and purpose of life – solved the riddle of life and death, as it were.

The secret of the amazing, unbroken, sustaining power of our *dharma*, the wondrous continuity of our culture and traditions, notwithstanding the repeated shocks and multiple onslaughts of proselytising religions, alien political domination and the rest, has been the inherent philosophic soundness of our *sanatana dharma* expounded by the *Vedas*, the *Upanishads*, and the *Itihasa Puranas.* This process has been sustained and strengthened by the *bhakti* movement carried forward by a succession of seers, sages, mystics, *Haridasas* and *Acharyas.* They belonged to different times, they spoke different languages and they lived in different regions. But the core of their message is one – *Ekam sat viprah bahudha vadanti,* "Truth is one, but the wise express it in many ways."

India has been blessed with a continuous, ongoing, grand procession of a great galaxy of such seers and saints, who have been hailed as minstrels of God belonging to all parts of India : Tulsidas, Kabir,

प्रस्तावना

भारतवर्ष आध्यात्मिकता की जन्मभूमि है। यही वह भूमि है जहाँ से मानव के चरम लक्ष्य की जिज्ञासा सबसे पहले प्रकट हुई।

भारतवर्ष में द्रष्टाओं एवं ऋषियों ने सर्वप्रथम आत्मा की अमरता के सिद्धान्त का प्रतिपादन किया। हमारे उपनिषदों ने ही सबसे पहले मानव को "अमृतस्य पुत्राः" कहकर सम्बोधित किया। यही वह भूमि है जिसने "वसुधैव कुटुम्बकम्" (सारी धरती एक परिवार है) और 'विश्वनीडम् ' (सारा विश्व मानव मात्र के लिए एक बसेरा है) की संकल्पना को जन्म दिया।

इससे बहुत पहले कि यूनान और रोम का प्रभाव महसूस हो पाता तथा मिस्र और बेबीलोन विश्व पर अपना प्रभाव जमा पाते, संस्कृति और सभ्यता के उद्गम के रूप में ख्यातिप्राप्त भारतवर्ष में ऐसे दृष्टाओं एवं ऋषियों की एक परम्परा चल पड़ी जिन्होंने जीवन के उस पार को देखा; साथ ही, जीवन के वास्तविक अर्थ एवं उद्देश्य को समझा और जीवन एवं मृत्यु के रहस्य का समाधान प्रस्तुत किया।

इस राष्ट्र पर निरन्तर नानाविध धर्मों और विदेशी राजनीतिक शासकों, आदि के आक्रमण होते रहे और उनके कारण आघात पहुँचते रहे। इस विकट परिस्थिति के बावजूद हमारा धर्म आश्चर्यजनक रूप से अटूट और सुरक्षित रहा है और हमारी संस्कृति तथा परम्परायें अक्षुण्ण रही हैं—इसका महत्त्वपूर्ण कारण वेदों, उपनिषदों तथा इतिहास-पुराणों द्वारा प्रतिपादित हमारे सनातन धर्म का मूलभूत स्वस्थ दार्शनिक चिन्तन रहा है। विभिन्न मनीषियों, महर्षियों, रहस्यवादी दार्शनिकों, हरिदासों और आचार्यों द्वारा समय-समय पर चलाये गये भक्ति आन्दोलन ने इस प्रक्रिया को सुरक्षित तथा सशक्त किया है। वे सभी अलग-अलग समय पर हुए थे; भिन्न-भिन्न भाषायें बोलते थे और विभिन्न क्षेत्रों के निवासी भी थे। फिर भी, उनके सन्देश का मूल तत्व एक ही रहा है, "एकं सत् विप्राः बहुधा वदन्ति।"—सत्य एक है, ज्ञानी लोग उसे विभिन्न प्रकार से अभिव्यक्त करते हैं।

भारत को ऐसे सन्तों एवं महापुरुषों की, जो भगवान के दूतों के रूप में प्रशस्त हैं,

Chandidas, Chaitanya Mahaprabhu, Narsinh Mehta, Jnanadeva, Tukaram, Mirabai, Andal, Tyagaraja, Narayana Bhattatiri, Vidyapati, Surdas, Nanak, Namdev, Ramdas and a host of others.

They unified the people, cutting across regional, linguistic and racial diversities. They were truly divine integrators. Mahatma Gandhi, Mahayogi Sri Aurobindo of Pondicherry, Maharishi Sri Ramana of Thiruvannamalai, Jagadguru Shri Abhinava Vidyatirtha of Sringeri, Swami Sivananda of Rishikesh, Sri Shankaradeva of Assam, Swami Ramdas of Kanzhangad, Swami Akhandananda of Brindavan and Acharya Vinoba Bhave of Paunar in recent times and contemporaries like Jagadguru Shri Chandrasekharendra Saraswati, the Senior Pontiff of Kanchi, Sathya Sai Baba of Puttaparthi, Swami Ranganathananda of Ramakrishna Mission, Swami Chinmayananda of Chinmaya Mission and Swami Satchidananda of LOTUS Virginia, have been carrying this noble mission of international brotherhood and universal peace, *vishva shanti,* with remarkable success. Sri Chinmoy, a Mahayogi, mystic, poet, painter, musician and scholar, who has been fostering Indian culture in general and popularising meditation in particular the world over, belongs to this noble band of divine integrators. He has been spreading, with total dedication, the gospel of love and peace, *prema* and *shanti,* at the United Nations, and in the USA and several other nations for the past twenty-seven years. In a sense, Sri Chinmoy is India's silently eloquent cultural ambassador and a priceless gift to the West.

When I was asked to write a foreword to Sri Chinmoy's poetical work, I accepted it as a command and blessing from Sri Chinmoy. I am beholden to the Lord that I am thus given an opportunity to pay my reverential homage to one of the foremost, gentle, effective and life-transforming apostles of peace in the contemporary world.

Poetry the world over has been used as the most powerful medium of expression of the innermost urges, aspirations and dreams of man, as well as to project moral, ethical, spiritual and human values so essential for the very survival of mankind.

और साथ ही, भारत के विभिन्न प्रदेशों के रहे हैं, एक महान अविच्छिन्न परम्परा का वरदान प्राप्त है। वे थे : तुलसीदास, कबीरदास, चंडीदास, चैतन्य महाप्रभु, नरसी मेहता, ज्ञानदेव, तुकाराम, मीरा, आंडाल, त्यागराज, नारायण भट्टत्तिरी, विद्यापति, सूरदास, नानक, नामदेव, रामदास, आदि। उन्होंने क्षेत्रीय, भाषागत तथा जातिगत विषमताओं को तोड़कर जनसामान्य को एक किया। वे वास्तव में दैवी एकात्मता के निर्माता थे। अभी कुछ समय पूर्व तक हमारे बीच महात्मा गाँधी, पांडिचेरी के महायोगी श्री अरविन्द, तिरुवण्णामलै के श्री रमण महर्षि, शृंगेरी के जगद्गुरु श्री अभिनव विद्यातीर्थ, ऋषिकेश के स्वामी शिवानन्द, असम के श्री शंकरदेव, कषंगाड के स्वामी रामदास, वृन्दावन के स्वामी अखंडानन्द और पवनार के आचार्य विनोबा भावे थे तथा इस समय हमारे बीच हैं कांची के वरिष्ठतम धर्माचार्य जगद्गुरुश्री चन्द्रशेखरेन्द्र सरस्वती, पुट्टपर्ति के सत्य साई बाबा, रामकृष्ण मिशन के स्वामी रंगनाथानन्द, चिन्मय मिशन के स्वामी चिन्मयानन्द और लोटस, वर्जीनिया के स्वामी सच्चिदानन्द जैसे कई महात्मा जो अन्तरराष्ट्रीय भ्रातृभाव और विश्व-शान्ति के गौरवपूर्ण अभियान का बड़ी सफलता के साथ निर्वाह कर रहे हैं। दैवी एकात्मता के निर्माताओं की उसी महान परम्परा में श्री चिन्मय जी आते हैं जो महायोगी, रहस्यवादी चिन्तक, कवि, चित्रकार, संगीत विशेषज्ञ एवं मनीषी हैं और सारे विश्व में सामान्य रूप से भारतीय संस्कृति तथा विशेष रूप से ध्यान एवं प्राणायाम की गरिमा को प्रतिपादित कर रहे हैं। वे विगत पच्चीस वर्षों से संयुक्त राष्ट्र संघ में, साथ ही अमेरिका तथा अन्य अनेक राष्ट्रों में, सम्पूर्ण समर्पण भाव से प्रेम एवं शान्ति के सन्देश का प्रचार-प्रसार करते आ रहे हैं। वास्तव में श्री चिन्मय पश्चिम में भारत के मौन-मुखर संस्कृति दूत हैं और भारत द्वारा पश्चिम को दी गयी अनमोल भेंट हैं।

जब मुझसे कहा गया कि मैं श्री चिन्मय की काव्य-सृष्टि के लिए प्रस्तावना लिखूँ, तो मैंने उसे श्री चिन्मय के आदेश एवं आशीर्वाद के रूप में स्वीकार किया। मैं ईश्वर को धन्यवाद देता हूँ कि मुझे इस प्रकार साम्प्रतिक विश्व के सर्वश्रेष्ठ, शान्त, सफल तथा जीवन को ही रूपान्तरित कर देने वाले एक शान्तिदूत के प्रति अपनी श्रद्धा अर्पित करने का गौरवशाली अक्सर प्रदान किया गया है।

समग्र विश्व में कविता का उपयोग मानव की आन्तरिक लालसाओं, आकांक्षाओं तथा कल्पनाओं की अभिव्यक्ति के अत्यन्त सशक्त माध्यम के रूप में किये जाने के

We find in this book a happy blend of charming poetry, deep mysticism and profound philosophy. It provides answers to man's eternal spiritual quest: to questions as to the true nature of *atman,* man's aims, aspirations and limitations, and his duties and responsibilities towards his fellow men.

We have in this book a treasure-trove – the result of the knowledge and experiences of a yearning soul, stretching over a quarter-century of ceaseless pursuit after the supreme Truth.

In the first few poems, Sri Chinmoy describes the kinship between man and the Absolute: the constant, vibrant, throbbing, pulsating inner urge of man to seek the Truth, to merge with the Lord and to return to the bosom of the loving Father in the true spirit of love *(prema)* and surrender *(saranagati)*. Says Sri Chinmoy:

> Life must now reach Thy Breath of Bliss supreme,
> Make Thee the one and only Guide.
> Thou art the Bridge between my death and birth;
> O let my longings in Thee abide.

Like all Sufi saints and seers, Sri Chinmoy is not afraid of suffering, poverty and tears, which are in fact the steps of the ladder to the Lotus Feet of God. In the poem entitled "The Hero Marches Along," he says:

> He who has loved this world
> Has only got excruciating pangs.
> The world has thrown on him
> All ugliness, filth, dirt and impurity.
> Yet the hero marches along
> Carrying the burden of the entire world.
> At the end of his teeming struggles
> He will go and stand at the Feet
> Of the Lord Supreme.

अलावा मानव मात्र के जीने के लिए परमावश्यक नैतिक, आध्यात्मिक तथा मानवीय मूल्यों के प्रतिपादन के लिए भी किया गया है।

हम प्रस्तुत ग्रन्थ में सौन्दर्यपूर्ण काव्य, गम्भीर रहस्यवादी चिन्तन तथा गहन दर्शन का स्वस्थ समन्वय देखते हैं। यह ग्रन्थ मनुष्य की शाश्वत आध्यात्मिक खोज के लिए सही उत्तर प्रदान करता है; इसके अलावा, इस ग्रन्थ में आत्मा के सही स्वरूप, मानव के लक्ष्यों, आकांक्षाओं और परिसीमाओं तथा मानव मात्र के प्रति उसके कर्तव्यों एवं जिम्मेदारियों से सम्बन्धित प्रश्नों के भी उत्तर प्राप्त होते हैं।

हमें इस ग्रन्थ के रूप में ऐसी तरसती आत्मा के ज्ञान तथा अनुभवों के परिणाम का खज़ाना प्राप्त हुआ है जो निरन्तर पच्चीस वर्ष तक सर्वोत्तम सत्य की खोज करती रही है।

पहली कुछ कविताओं में श्री चिन्मय मानव एवं सम्पूर्ण के बीच के सम्बन्ध, सत्य को खोजने और परम सत्ता में विलीन होने और प्रेम तथा प्रपत्ति के मार्ग से स्नेहमय परम पिता के अन्तर में समाहित होने की मानव की सशक्त, स्पन्दनपूर्ण आन्तरिक लालसा का वर्णन करते हैं। वे कहते हैं :

अब यह जीवन पा ले तेरी सर्वोत्तम कृपा का प्रसाद
बना ले तुझे मात्र एक मार्गदर्शक।

तू है मेरी मृत्यु और जन्म के बीच का सेतु
कृपा कर कि मेरी सारी आकांक्षायें तुझमें विलीन हो जाएँ

(थोड़ा-सा)

सूफ़ी सन्तों और मनीषियों की तरह श्री चिन्मय व्यथा, गरीबी और आँसुओं से घबराते नहीं, क्योंकि वे ही तो भगवान के चरण कमलों तक ले जानेवाली सीढ़ियाँ हैं। ''बहादुर आगे बढ़ता है'' शीर्षक की कविता में वे कहते हैं :

दुनिया से जिसने प्यार किया
उसे मिला है केवल उत्पीड़क दर्द।
दुनिया ने उसपर फेंकी है

His submission to the Lord is:

> Thou art my Lord, my golden dream,
>   Thou art my life in death.
> O bless me with Thy Hope supreme,
>   Lord of the eternal Breath!

Later, Sri Chinmoy analyses man's frailties, foibles and weaknesses, but as a true Karma Yogi, he shows his determination to overcome shortcomings, do his duty to his fellow men and act according to the commands of the Lord, before Whom he surrenders totally. He sings:

> Lord, if it is Your Will,
> I shall love my enemies.
>
> Lord, if it is Your Will,
> I shall illumine my friends.
>
> Lord, if it is Your Will,
> I shall forgive my earthly existence.
>
> Lord, if it is Your Will,
> I shall live without You.
>
> Lord, give me only one boon,
> First and last:
> That You will remain my eternal Lord.

"A drop of my tears," says Sri Chinmoy, "is enough to make my Lord embrace my ageless inner poverty."

The emotionally rich verses, pregnant with meaning, constitute an invaluable companion and guide to regulate man's journey of life – *jeevan yatra* – and to get rid of the *shadvikaras* – the six enemies – *kama* (lust), *krodha* (anger), *lobha* (greed), *moha* (delusion), *mada* (ego) and *matsarya* (rivalry), which are the real hindrances on the path towards self-realisation – *atma sakshatkar*.

सारी गन्दगी, बदसूरती, अपवित्रता।
फिर भी वह बहादुर आगे बढ़ता है
सारी दुनिया का बोझ ढोते हुए।

वह अपने बढ़ते संघर्षों के अन्त में
आगे बढ़ेगा और सर्वोच्च मालिक के
चरणों में समर्पित होगा।

प्रभु से उनका निवेदन है :

प्रभु मेरे! तू ही मेरा स्वर्णिम स्वप्न;
तू ही मृत्यु में मेरा जीवन;
हे मेरे अनन्य! हे चिरन्तन श्वास के मालिक!
मुझे अपरिमित आशा का वरदान दे!
(आशा)

श्री चिन्मय मानव की कमज़ोरियों और अवगुणों का विश्लेषण करते ज़रूर हैं; परन्तु एक वास्तविक कर्मयोगी के रूप में तमाम कमज़ोरियों से उभरने, अपने संगी-साथियों के प्रति अपना कर्तव्य निभाने और उस खुदा के आदेशों के अनुसार जिनके प्रति वे सम्पूर्णतः समर्पित हैं, कर्म करने के अपने संकल्प को भी प्रतिपादित करते हैं। उनका कहना है :

या खुदा, गर यह तेरी इच्छा हो
तो मैं अपने शत्रुओं से प्यार करूँगा।

या खुदा, गर यह तेरी इच्छा हो
तो मैं अपने मित्रों को ज्योतिर्मय बना दूँगा।

या खुदा, गर यह तेरी इच्छा हो
तो मैं अपने भौतिक अस्तित्व को माफ़ कर दूँगा।

In one of the beautiful poems entitled "Why Fear?" Sri Chinmoy tells us:

> Why fear life?
> Why fear death?
> Life is your older brother
> Who inspires you to transcend
> Your puny self.
> Death is your younger brother
> Who warns you not to embrace
> Pleasure-life.

Some of the soul-stirring poems of Sri Chinmoy form part of a continuing dialogue between man and God, each getting closer to one another, and in the piece "No One But You," the poet says:

> My Lord Supreme,
> No one but You
> Will hear my heart's gratitude-song.
> No one but You
> Will watch my soul's surrender-dance.
> No one but You
> Will transform my dream-life
> Into Your own Reality-Heart.

One can enjoy Sri Chinmoy's outpourings of the heart in the short, three to six line verses, aptly termed "Sri Chinmoy Sutras." He says:

> Each ennobling thought
>   Marks humanity's
> Evolution-progress.

and confesses that:

> Every morning
> My Lord Supreme enters
>   Into my heart-nest
> Smiling and dancing,
>   With a lotus in His Hand.

या खुदा, गर यह तेरी इच्छा हो तो
मैं तेरे बिना जी लूँगा।

या खुदा, मुझे सिर्फ़ एक वर देना
पहला और अन्तिम,
कि तू मेरा शाश्वत मालिक बना रहेगा।

श्री चिन्मय का यह भी कहना है कि 'मेरे आँसुओं की एक बूँद काफ़ी है कि मेरे खुदा, मेरी सनातन भीतरी गरीबी को अपना बना लें।'

श्री चिन्मय की अर्थगर्भित एवं भावुकतापूर्ण कवितायें मानव के लिए अमूल्य साथी तथा मार्गदर्शक सिद्ध होती हैं ताकि वह अपनी जीवन-यात्रा को नियमित कर सके और आत्म साक्षात्कार के मार्ग में बाधक षड्विकारों—काम, क्रोध, लोभ, मोह, मद एवं मात्सर्य से मुक्त हो सके।

'डरना क्यों?' शीर्षक की अपनी सुन्दर कविता द्वारा श्री चिन्मय हमें समझाते हैं :

जीवन से क्यों डरना है?
जीवन तेरा अग्रज है
जो तुझे लघु अहं से
ऊपर उठने के लिए प्रेरित करता है।

मरण से भी क्यों डरना है?
मरण तेरा अनुज है
जो तुझे वासनामय जीवन
जीने के खिलाफ़ चेतावनी देता है।

श्री चिन्मय जी की कुछ ऐसी मर्मस्पर्शी कवितायें भी इस ग्रन्थ में संकलित हैं जो क्रमशः एक दूसरे के निकट आनेवाले मानव और ईश्वर के बीच निरन्तर चलने वाले संवाद के रूप में हैं। ''तेरे सिवा कोई नहीं!'' शीर्षक की कविता में कवि कहते हैं :

The mystic in him has eloquently given expression to his experience of God-realisation in the 204 poems and aphorisms included in this bilingual publication.

Sri Chinmoy's poems contain a wealth of wisdom and profound philosophy, couched in sweet, simple and scintillating words and phrases, which have the amazing capacity of ennobling our thoughts, quickening our spirit and inspiring us to strive towards self-realisation – the ultimate end of existence. It could be truly said that Sri Chinmoy has indeed poured an ocean into a pot – *gagar men sagar.* From start to end, each piece is embellished with literary gems of ethical, moral and spiritual values. Primarily they all arise from the basic values of *satyam, shivam* and *sundaram* – truth, love and beauty.

The value of the volume has been enhanced by the equally ennobling and invigorating Hindi translation of the English verses by Dr. P. Jayaraman, Executive Director of the Bharatiya Vidya Bhavan's US Centre. Dr. Jayaraman is an erudite scholar in Hindi, Sanskrit and Tamil. He has specialised in the research and study of poetical works of renowned Hindi saint-singers like Kabir, Rahim, Tulsidas, Surdas and Raskhan, who created the *Bhakti Age* of Hindi literature. His translations, therefore, have the vigour, vitality, felicity and fervour of the devotional works of these immortal *bhakta kavis.* He has the added advantage of being an admirer and devotee of Sri Chinmoy, which has enabled him to grasp the essence of Sri Chinmoy's teachings and the quintessence of his philosophy.

I can say without hesitation that Dr. Jayaraman's translations match Sri Chinmoy's original poems fully, in beauty and effect, in poetic vision and expression.

This book should serve as a barge to every struggling soul, to ferry across the uncharted sea of *samsara,* taking him finally to the Lotus Feet of *Poorna Purushottama.*

श्री चिन्मय काव्य

मेरे महान परम पिता!
केवल तुम, केवल तुम!
मेरे अन्तरतम की कृतज्ञता का गीत
कौन सुनेगा तेरे सिवा?
मेरे महान अनन्य!
मेरी आत्मा का समर्पण-नृत्य
कौन देखेगा तेरे सिवा?
मेरे स्वप्निल जीवन को
तेरे अपने सत्यमय अन्तर में
कौन परिणत करेगा
तेरे सिवा?

हम श्री चिन्मय के गहन उद्‌गारों को उनके अत्यन्त लघु पदों में, जिन्हें श्री चिन्मय सूत्रों के अन्तर्गत संकलित किया गया है, हृदयंगम कर सकते हैं। वे एक सूत्र में कहते हैं, 'प्रत्येक परिष्कृत विचार मानवता के विकास एवं प्रगति का सूचक है'; और दूसरे सूत्र में यह भी कबूल करते हैं, 'हर सबेरे मेरे परम पिता हाथ में कमल का पुष्प लिये, मुस्कराते हुए, नाचते हुए मेरे हृदय-नीड़ में प्रवेश करते हैं।'

इस द्विभाषिक प्रकाशन में सम्मिलित 204 कविताओं एवं सूत्रों में रहस्यवादी चिन्तक श्री चिन्मय के ईश्वर-बोध को सार्थक अभिव्यक्ति प्राप्त हुई है।

श्री चिन्मय की कविताओं में मधुर, सरल एवं आकर्षक शब्दों और मुहावरों द्वारा अभिव्यक्त प्रज्ञा तथा गहन दर्शन का कोष विद्यमान है जिसमें हमारे विचारों को परिष्कृत करने, हमारी चेतना को अनुप्राणित करने और हमें जीवन के चरम लक्ष्य अर्थात् आत्म साक्षात्कार की ओर प्रेरित करने की अद्‌भुत क्षमता है। वस्तुतः यह कहा जा सकता है कि श्री चिन्मय ने गागर में सागर भर दिया है। शुरू से अन्त तक हर कविता को नैतिक तथा आध्यात्मिक मूल्यों के साहित्यिक सौन्दर्य से सँवारा गया है। मूलतः वे सब सत्यम्, शिवम् और सुन्दरम् के बुनियादी मूल्यों से उद्‌भूत हैं।

भारतीय विद्या भवन के अमेरिकी केन्द्र के कार्यपालक निदेशक डॉ. पी. जयरामन ने

May this book lead us from falsehood to Truth, from darkness to Light and from death to Immortality. That is my prayer.

Asato ma sad gamaya
Tamaso ma jyotir gamaya
Mrityor ma amritam gamaya.

OM TAT SAT

Bharatiya Vidya Bhavan, India
Ram Navmi
March 24, 1991

S. Ramakrishnan

श्री चिन्मय की अंग्रेज़ी कविताओं का हिन्दी रूपान्तर प्रस्तुत किया है। उक्त हिन्दी रूपान्तर मूल रचनाओं के समान ही परिष्कृत एवं सशक्त है। इससे इस ग्रन्थ का गौरव बढ़ गया है। डॉ. जयरामन हिन्दी, संस्कृत और तमिल के गहन विद्वान हैं। उन्होंने हिन्दी साहित्य के भक्ति युग के निर्माता कबीरदास, तुलसीदास, सूरदास, रहीम और रसखान जैसे विख्यात सन्त कवियों की रचनाओं के अध्ययन एवं अनुसंधान का विशेष कार्य किया है। अतः उनके हिन्दी रूपान्तर में इन अमर भक्त कवियों की भक्ति-पूरित रचनाओं का ओज और तेज है; और है उनका सौन्दर्य एवं आनन्द भी। उनकी एक और अतिरिक्त विशेषता यह भी है कि स्वयं श्री चिन्मय के प्रति श्रद्धालु तथा निष्ठावान हैं, जिससे वे उनकी शिक्षा तथा दर्शन के सारतत्व को आत्मसात् कर सके हैं।

यद्यपि यह श्री चिन्मय की कविताओं का मात्र रूपान्तर है, फिर भी मैं निस्संकोच कह सकता हूँ कि डॉ. जयरामन द्वारा किया गया रूपान्तर सौन्दर्य एवं प्रभावकारिता, काव्य-दृष्टि एवं अभिव्यक्ति में मूल रचनाओं के बिल्कुल बराबर है।

यह ग्रन्थ हर संघर्षरत आत्मा के लिए एक ऐसी नौका सिद्ध होगा जिसकी सहायता से वह अज्ञात संसार सागर को पार कर पायेगी और अन्ततः पूर्ण पुरुषोत्तम के चरणों में अपने आपको समर्पित कर पायेगी।

मेरी यही प्रार्थना है कि यह ग्रन्थ हमें असत्य से सत्य की ओर—अन्धकार से प्रकाश की ओर—मृत्यु से अमरत्व की ओर ले जाए।

असतो मा सद्गमय
तमसो मा ज्योतिर्गमय
मृत्योर्मा अमृतं गमय।
॥ ओम् तत् सत् ॥

भारतीय विद्या भवन, भारत
रामनवमी
24 मार्च 1991

सु. रामकृष्णन

श्री चिन्मय और डॉ. जयरामन
Sri Chinmoy and Dr. Jayaraman

काव्य परिचय

चिन्मय काव्य भारतीय संस्कृति की आध्यात्मिक उपलब्धियों को अपनी उच्चता और उदात्तता में प्रतिबिम्बित करने वाला एक महान कला माध्यम है। एक ओर यह काव्य आद्यन्त आनन्दप्रद अर्थ और अनुभूति से परिपूर्ण है तो दूसरी ओर यह काव्य बौद्धिक और सौन्दर्यात्मक चेतना की उन गहराइयों के अर्णव में अवगाहन करता है जो एक योगी कवि के लिए ही साध्य है। भारतीय संस्कृति के भीतर विद्यमान प्राणवन्त अध्यात्म तत्त्व का यह काव्य एक अनुपम प्रकाशन है। एक योगी कवि के सांस्कृतिक मानस की इन अभिव्यक्तियों की सौन्दर्यात्मक पूर्णता और शक्ति का निर्धारण सामान्य समीक्षा की शब्दावली में नहीं किया जा सकता। इस काव्य में जिन सौन्दर्यात्मक संवेदों और कल्पना के प्रकारों का संयोजन किया गया है उनका पृथक्करण पाठक किंवा समीक्षक के लिए एक बड़ी चुनौती है।

योगिराज चिन्मय ने अंग्रेज़ी में लिखते हुए भी भारतीय मनीषा की साहित्यिक सृजन-परम्परा को अविच्छिन्न रूप से कायम रखा है; इसलिए उनकी प्रत्येक रचना एक अगाध आध्यात्मिक अन्तर्दृष्टि का साक्ष्य प्रस्तुत करती है। उनकी रचनायें आत्म साक्षात्कार से प्रसूत दिव्य अनुभवों और अनुभूतियों का अभिलेख होने का विश्वास जनाती हैं। उनकी रचनायें कवि की विशद बौद्धिक और नैतिक विचार शृंखला को बड़े सरस और सशक्त रूप में प्रस्तुत करती हैं। कवि की शैली इतनी रोचक और आत्मीयतापूर्ण है कि इसके द्वारा आत्मा, परमात्मा, मनुष्य तथा जगत और उसके मूल तत्त्वों की रागात्मक अवगति सहज ही होती चलती है। सृजनशील अन्तर्ज्ञान एवं देहमात्र से मुक्तिदात्री कल्पना की बड़ी मनोरम क्रीड़ा इन रचनाओं में देखने को मिलती है। तात्पर्य यह है कि सम्पूर्ण चिन्मय काव्य प्रत्यक्षतः अन्तर्ज्ञानात्मक और आध्यात्मिक है।

चिन्मय काव्य कवि की जीवन-विषयक चेतना और जगत-विषयक सक्रिय दृष्टि का शुद्ध और व्यापक रूप उपस्थित करता है। कवि ने अपने ऊर्ध्वमुख संकल्प के तीव्रतम रूप को प्रकट करने के लिए ये कवितायें लिखी हैं। संवेग की परिपूर्ति के

लिए कवि ने अपने जीवन के सर्वोच्च आदर्शों और पावन संवेगों को अपने काव्य में रूपायित किया है। चिन्मय काव्य में कवि का सृजनशील अन्तर्ज्ञान अनेक रंग-रूपोंवाली काव्य-कला की कृतियों में अभिव्यंजित हुआ है। चिन्मय काव्य के सम्यक् मूल्यांकन के लिए उसके भाव, लक्ष्य एवं मूल हेतु का निर्धारण आवश्यक है।

चिन्मय काव्य का जो भाव प्रमुख रूप से मन को अभिभूत करता है वह है निरन्तर एक अनन्त एवं वैश्व सत्ता का बोध। यह अनन्त आध्यात्मिक सत्ता ही हम सबके निकट है और यही वास्तविकता भी है। चिन्मय काव्य आध्यात्मिक प्रत्यक्ष दर्शन का अभिभूतकारी निर्देशक है। आध्यात्मिक प्रत्यक्ष दर्शन का जो अन्तरंग और सजीव रूप चिन्मय काव्य में मिलता है उसे समसामयिक विश्व साहित्य की एक महत्त्वपूर्ण उपलब्धि माना जाना चाहिए। नैतिक परिस्थितियों से उत्पन्न निराशा और आत्महीनता को ठुकराने की शक्ति का स्रोत है चिन्मय काव्य।

चिन्मय काव्य का लक्ष्य बहुत उदात्त है। इस लक्ष्य के तीन कोण हैं—प्रकाश, आनन्द और अमरता। अज्ञान, दुःख और मृत्यु के इस लोक से पार जाने की शक्ति और गति प्रदान करने के लिए इस काव्य की रचना की गयी है। चिन्मय काव्य दिव्य जीवन और मृत्युजयी अमरता का काव्य है। इसीलिए उनके काव्य में प्रार्थना के ये स्वर प्रायः गूँज उठते हैं—

प्रभु मेरे!
मुझे विशाल हृदय दे
जिससे कि मैं तेरी अनमोल मुसकानों को
उसमें समा लूँ।
प्रभु मेरे!
मुझे पवित्र जीवन दे
जिससे कि मैं
तेरे अमर आनन्द के स्रोत को
खोज सकूँ, प्रभु मेरे!

जब मनुष्य के मन और मस्तिष्क अहंप्रसूत संकीर्णता की सीमायें तोड़कर विशाल बन जाते हैं तब विश्वात्मबोध जाग्रत होता है; वसुधैव कुटुम्बकम् का भाव ऊर्जित हो उठता है। इसी प्रकार जब हृदय राग-द्वेषादि की संकीर्णताओं से मुक्त होकर समर्पण और प्रपत्ति के मार्ग पर चल पड़ता है तब ज्ञानमूला प्रेमा भक्ति में अपनी चरम सिद्धि प्राप्त करता है। कवि चिन्मय लिखते हैं—

समर्पण
है आन्तरिक जीवन के प्रति
सन्तोष का आरम्भ।

श्री चिन्मय के काव्य में प्रपत्ति अथवा समर्पण की महिमा का वर्णन बार-बार किया गया है—

समर्पण करना जीतना है
दोष के बिना।

समर्पण में विजय ही विजय है। उसमें साधक के पतन की आशंका नहीं रहती; फिर तो सहज ही वह चिर अभीप्सित विजय प्राप्त हो जाती है जब—

हर सबेरे
मेरे परम पिता
हाथ में कमल का पुष्प लिये,
मुस्कराते हुए, नाचते हुए,
मेरे हृदय नीड़ में प्रवेश करते हैं
और तब हर दिन भगवान की
प्रतीक्षा का दिन बन जाता है
और प्रत्येक दिन अज्ञान निवारण
का दीपोत्सव हो जाता है।

प्रस्तुत काव्य में योगी कवि के पावन हृदय और मन की निर्मलता की झलकें सतत उच्छ्वसित होती हुई मिलती हैं। मानसिक चेतना में होनेवाले बोधयुक्त अमरत्व का दर्शन इस काव्य का स्रोत है।

यह काव्य मानव जाति को पाप और पतन के मार्ग से विरत कर नैतिक पथ की ओर प्रेरित करता है। कवि ने लिखा है—

आकर्षण एक सामान्य दोष है
मानव के जीवन में
सन्देह एक सामान्य त्रुटि है
मानव मन की प्रवृत्ति में
भय एक सामान्य दोष है
मानव हृदय की अनुभूति में
उदासीनता एक सामान्य त्रुटि है
मानव आत्मा के व्यवहार में।

इसी तथ्य को चिन्मय सूत्र में इस प्रकार कहा गया है–

अनन्त इच्छाओं से भरा मन
जीवन के दुखद अध्याय से
कम नहीं है।

X X X

सन्देह अविश्वास
और अपवित्रता
ये हैं आध्यात्मिक मृत्यु के
तीन संकेत।

यह स्थिति आध्यात्मिक मृत्यु का कारण है। सन्देह, अविश्वास और अपवित्रता उसकी बहुमुखी क्रियायें हैं। इसके विपरीत है नैतिक पथ का अनुसरण जिसके लिए अविश्वास और सन्देह से मुक्त सरल मन और विशुद्ध हृदय का होना आवश्यक होता है। तभी साधक मानव भाव समाधि क्षेत्र की यात्रा करने के योग्य बनता है। भाव समाधि के क्षेत्र की यात्रा का आशय एक सूत्र में समझाते हुए योगी कवि ने लिखा है–वह अविश्रान्त आत्मदान का मार्ग है जिसके बदले में एक ही आकांक्षा घोषित की जाती है कि परम प्रियतम को हृदय के द्वार पर उपस्थित देखा जा सके–

अगर हम निरन्तर निज को
अर्पित करते रहें

तो हम अपने हृदय की आकांक्षाओं के द्वार पर
अपने महान प्रियतम को उपस्थित देख सकते हैं।

जिस योगी कवि के हृदय द्वार पर परम प्रियतम स्वयं उपस्थित रहते हैं वही यह लिख सकता है—

हृदय मन्दिर में आसीन एक भगवान
मस्तिष्क में बसे असीम ईश्वरों से
ज़्यादा महत्त्वपूर्ण है।

मन की जिस स्थिति को कामगंधशून्य कहा गया है, श्री चिन्मय बार-बार उस पर बल देते हैं। वैष्णव आचार्यों और कवियों ने उसे 'गोपी भाव' या 'राधा भाव' कहा है। इसे 'महाभाव' भी कहा गया है। चिन्मय काव्य इस भाव स्थिति का आभास देने और उसकी समानुभूति उत्पन्न करने में सफल है। भगवद्विरहजन्य व्याकुलता जगाने में चिन्मय काव्य अमोघ प्रभावकारी सिद्ध होता है—

रात को मैं तेरे लिए आँसू बहाऊँगा,
तेरे लिए, मेरे प्रियतम, सिर्फ़ तेरे लिए।

विरह की यह वेदना चिन्मय काव्य की विशेष विभूति है।

हाय तू अब दूर है, बहुत दूर,
मेरे प्राणों का पंछी
अतिशय वेदना के साथ
रो रहा है, काँप रहा है।

यह विरह तो भगवान का सबसे बड़ा वरदान है। यह विरह ही भगवान की रूप माधुरी के दर्शन का द्वार उद्घाटित करता है। ''मधुर, मधुरतर, मधुरतम'' रचना में कवि ने इस अनुभव को बड़ी सटीक शब्दावली में व्यक्त किया है—

मधुर मेरा देवता है,

उसे मैंने समझा है अमर सत्य के रूप में।........
मधुरतम मेरा देवता है,
उसे मैंने समझा है सर्वोत्तम भोक्ता के रूप में।

संक्षेप में श्री चिन्मय का काव्य उनकी स्वानुभूति के आनन्द रस में सम्पूर्ण विश्व को सहभागी बनाना चाहता है। कवि चिन्मय कहते हैं—

यह कभी नहीं होगा;
मैं अपनी स्वानुभूति का फल
अकेले नहीं खाऊँगा;
यह कभी नहीं होगा।

चिन्मय काव्य में प्रतीकों का बड़ा सहज और सार्थक प्रयोग मिलता है। आध्यात्मिक प्रतीकों के प्रयोग की चिन्मय काव्य कला बड़ी मनमोहक है। एक अत्यन्त सरल प्रतीकात्मक कविता "ईश्वर अंश जीव अविनाशी" में निर्दिष्ट दार्शनिक तत्व को छोटे से संवाद के रूप में निरूपित किया गया है। कविता का शीर्षक है 'हे योगी'। कोई साधक योगी से पूछता है, कब मैं भगवान से प्यार करूँ? और उसे प्राप्त करूँ? यह कब होगा? योगी उत्तर देता है—

यह तब होगा
जब तू मानेगा कि
तेरी आत्मा का बीज भगवान का है
और
तेरे जीवन का फूल भगवान के लिए है।

योगी कवि ने समाधि की आरोहण भूमियों को विविक्त करते हुए बड़े मनोरम काव्यात्मक बिम्ब प्रस्तुत किया हैं। समाधि के प्रचलित नाम-रूप है—सविकल्प समाधि, निर्विकल्प समाधि और सहज समाधि। सविकल्प समाधि के विषय में योगी कवि एक नवीन बात कहते हैं जो प्रचलित पारम्परिक और पारिभाषिक अर्थ की लीक से हटकर है—

सविकल्प समाधि है
विशुद्धता और निष्ठा का अनुभव।

सविकल्प समाधि के अनुभव का यह सूत्र विश्लेषण आत्मानुभव के आधार पर है। योगी कवि ने निर्विकल्प समाधि के विषय में कहा है–

निर्विकल्प समाधि है
सर्वोत्तम आत्म अतिक्रमण का अनुभव।

सर्वोपरि योगी कवि ने सहज समाधि का जो निर्देश किया है वह भी अद्‌भुत है।

सहज समाधि है
सरल सत्य
खोया हुआ अज्ञान
और
जीती गयी अमरता।

कबीर जब कहते हैं, 'सन्तो, सहज समाधि भली', तब वे इसी परिपूर्ण अज्ञान निवृत्ति, परम सत्य के सहज साक्षात्कार और शाश्वत अमरता की अनुभूति पर ही बल देते हैं। सर्वात्मक सर्वमय, अखंड सच्चिदानन्द परमेश्वर के साक्षात्कार की आनन्दानुभूति में सतत निमज्जित रहना ही सहज समाधि का गुण धर्म हो सकता है। ऐसे गहन विषय की सहज काव्यात्मक परिणति जो बुद्धिग्राह्य से अधिक भावग्राह्य है, चिन्मय काव्य में मिलती है। सहज समाधि की परिणति है भगवान की सार्वभौम लीला का आस्वाद। उसके विषय में योगी कवि लिखते हैं–

सार्वभौम लीला में
तुम समझो
कि अनादि काल से
असहाय होकर, लाचार होकर
जो तुम बनने की आकांक्षा करते रहे हो,
वही तुम हो, वही तुम हो
हमेशा, हमेशा के लिए।

चिन्मय काव्य 'स्व अतिक्रमण' का काव्य है। अहंभाव से मानव की मुक्ति के अनेकानेक रूपों का चमत्कारी निर्वचन इस काव्य में मिलता है। 'स्व' के अतिक्रमण और अहं के विसर्जन के मार्ग की बाधा का योगी कवि ने बड़ी सूक्ष्म अन्तर्दृष्टि के साथ रूपकात्मक निर्देश किया है—

मैं अपने जीवन को बदलने में हार गया
क्योंकि
मैं अपने गुरु-अहं
अपने शिष्य-सन्देह
के साथ बहुत जुड़ा हुआ था।

यद्यपि चिन्मय काव्य आंग्ल भाषा में लिखा गया है पर इसमें भारतीय अध्यात्म दर्शन और समाज दर्शन का कौशलपूर्ण अभिव्यंजन स्थान-स्थान पर मिलता है। भारतीय समाज दर्शन पशु और मानव में अन्तर नहीं करता। उसके अनुसार पशु-पक्षियों, सरीसृपादि के साथ भी अपने बच्चों जैसा प्रेमपूर्ण व्यवहार करना चाहिए। मानवेतर प्राणियों के साथ इस एकात्मता की निर्विशेष चेतना को चिन्मय काव्य में दैवी अनुभूति के बाद का सर्वोत्तम यज्ञ कहा गया है—

भगवत् साक्षात्कार के बाद
अज्ञान की दुनिया के साथ
मेरी शर्तरहित एकात्मकता
मेरा सर्वोत्तम यज्ञ है।

योगी चिन्मय की एक कविता है 'अपरिग्रह की सफलता।' यह छोटी-सी रचना भारतीय समाज दर्शन के मूलभूत तत्त्व का उद्घाटन करती है। हमारा समाज शास्त्र मानता है कि प्रत्येक व्यक्ति को उतना ही धन स्वीकार करना चाहिए जितना उसके शरीर धारण हेतु पर्याप्त है। योगी चिन्मय कहते हैं—ऐसा अपरिग्रही प्यार और कर्म का उत्तम समन्वय बन जाता है।

स्वर्ग ने उसे दिया अपना सर्वस्व
आनन्द
धरती से उसे दी अपनी सम्पत्ति
सम्पूर्णता
आनन्द और सम्पूर्णता अपरिग्रह के ही पुण्य फल हैं।

चिन्मय काव्य के प्रणेता भक्त, योगी और विचारक तीनों हैं। उनकी रचनाओं में एक सबल बौद्धिक स्वर साद्यन्त मिलता है। यह बौद्धिक स्वर उनके धार्मिक-नैतिक चिन्तन का परिणाम है। इसका एक प्रतिफल यह भी है कि उनकी हृदयानुभूति की अभिव्यक्ति में आवेग और तीव्रता के स्थान पर सुसमीक्षित संयम और आवेगहीन उदात्तता मिलती है। कभी-कभी यह काव्य मध्यकालीन सन्तों के काव्य के बहुत निकट पहुँचा हुआ प्रतीत होता है। सन्तों के काव्य में अपने समय और समाज की सूक्ष्म समीक्षा का जो वैशिष्ट्य मिलता है, उनमें जो तर्क प्रियता है और विरोधाभासपूर्ण प्रतीकात्मक शैली पायी जाती है उसका आस्वाद चिन्मय काव्य में प्रायः प्राप्त किया जा सकता है।

योगी कवि ने आज के लौकिकतावादी मानव मन की तर्कप्रधान बुद्धि और उसकी प्रवृत्तियों का बड़ा व्यंग्यपूर्ण खुलासा किया है। उनके अनुसार मानव-मन में व्याप्त हिंसा, घृणा, अविश्वास, सन्देह और भय ही समष्टि मानव के विराट भय, अविश्वास, सन्देह, घृणा, हिंसा, क्रूरता आदि में परिणत हो गये हैं। चिन्मय काव्य मानव की इन अमानवीय प्रवृत्तियों का मर्मस्पर्शी अभिलेख भी है। मनुष्य से योगी ने बड़ा चुनौती-भरा सामयिक और सार्थक प्रश्न किया है—

कौन मृत्यु को लाया है इस विश्व में
तू ही लाया और कोई नहीं,
देख और इसे स्वीकार कर।

योगी कवि का कहना है—

सन्देह, अविश्वास
और अपवित्रता

ये हैं आध्यात्मिक मृत्यु के
तीन संकेत।

उनके अनुसार ये तीनों व्यष्टि मानव और समष्टि मानव के सबसे बड़े शत्रु हैं। इनके कारण ही विश्व का जीवन आध्यात्मिक दृष्टि से मृत हो चुका है। आध्यात्मिक दृष्टि से मृत जगत में युद्ध और हिंसा का तांडव होना अवश्यंभावी है।

योगी चिन्मय के काव्य में विश्व-साहित्य की मानववादी और मानवतावादी, दोनों प्रकार की प्रवृत्तियाँ मिलती हैं। उसमें मनुष्य को भौतिक वैयक्तिक स्वातन्त्र्य की अनिवार्यता के साथ-साथ उसकी व्यक्तिगत और समष्टिगत आध्यात्मिक मुक्ति पर भी विशेष बल दिया गया है। यह काव्य मनुष्य की सार्वकालिक और सार्वभौम स्वतन्त्रता का बड़ा ओजस्वी आख्यान प्रस्तुत करता है।

श्री चिन्मय का काव्य विश्वदृष्टि से सम्पन्न है और मानव मात्र की कल्याण कामना से प्रेरित है। साथ ही यह भारतीय जीवन-दर्शन, सांस्कृतिक आदर्शों एवं नैतिक मूल्यों की भी अद्‌भुत व्याख्या है। इसमें भारतीय जीवन-दर्शन की ज्योतिर्मयी परम्परा को इस प्रकार सँजोकर रखा गया है कि वह हमारी राष्ट्रीय सम्पत्ति होते हुए भी अन्तर्राष्ट्रीय हो गया है। साथ ही वह अन्तर्राष्ट्रीय वर्चस्व और महिमा से मंडित होते हुए भी मूल रूप से राष्ट्रीय है। भारतीय राष्ट्र की एक अभिनन्दनीय उपलब्धि और सिद्धि है। मैं साहित्य की भूमि पर संस्थित होकर चिन्मय कवि की ऋतम्भरा प्रज्ञा और सत्यदृष्टि का अभिनन्दन करता हूँ।

राष्ट्रभाषा के अनन्य आराधक डॉ. पी. जयरामन कई भाषाओं के मर्मी विद्वान हैं, रससिद्ध कवि होने के साथ-साथ वे मौलिक विचारक और समीक्षक भी हैं। उन्होंने चिन्मय काव्य का ऐसा प्रसादपूर्ण एवं सरस अनुवाद किया है, जो करोड़ों हिन्दी भाषियों के हृदय में अपनी आलोकमयी प्रतिध्वनि की तरंग-भंग सर्जित करता रहेगा। डॉ. पी. जयरामन अपने इस अनुवाद कार्य के लिए हिन्दी भाषियों द्वारा सदैव स्मरण किए जाते रहेंगे। डॉ. जयरामन का यह योगदान हिन्दी जगत में अविस्मरणीय रहेगा।

–डॉ. कुँवर चन्द्रप्रकाश सिंह

INTRODUCTION

Poetry for Sri Chinmoy is a medium for expressing the spiritual achievements of Indian culture. His poetry is filled with pleasant sentiments and also makes us go deep into intellectual and aesthetic experiences. This is possible only for a mystic poet. Yogi Sri Chinmoy writes in English, but he has maintained the literary tradition of India throughout. His writings present the divine insight and experiences of a self-realised Yogi. His style is so interesting and intimate that we can easily assimilate the concepts of individual, Supreme Being, creation and its basic characteristics. Sri Chinmoy's poetry elaborately presents the poet's concept of life and his vision of the universe.

The poetry of Sri Chinmoy is an expression of his experience of one endless, all-pervading Being. His poetry is an influencing means of spiritual realisation. It also presents the power-source for facing the disappointments created by external causes. It has three aspects – knowledge, bliss and immortality – and provides energy for the readers to go beyond this world of ignorance, sorrow and death. Sri Chinmoy, throughout his writings, prays to the Lord for this reason:

My Lord,
Give me a large heart
So that I can treasure
Your rich Smiles.

My Lord,
Give me a pure life
So that I can discover
The fountain of Your infinite Delight.

When the hearts and minds of human beings transcend narrow limits and become large, the sense of universal oneness starts; then the concept of 'the whole world is a family' strengthens. Similarly, when the mind frees itself from the clutches of desires, hatred, etc., it moves on the path of dedication and surrender. The poet writes:

> Dedication
> Is the beginning of satisfaction
> In the inner life.

and:

> To surrender is to conquer
> Without error.

The poet further states:

> Every morning
> My Lord Supreme enters
> Into my heart-nest
> Smiling and dancing,
> With a lotus in His Hand.

Then each day becomes a day of God-expectation; it also becomes a day of light to celebrate ignorance-cancellation. We find glimpses of the poet's pure heart and purity of mind in these poems. Sri Chinmoy's poetry inspires mankind to move away from the path of sin and evil and to move towards the path of morality. The poet says:

> Temptation is a common error
> In the life of a human being.
>
> Suspicion is a common error
> In the life of a human mind.
>
> Fear is a common error
> In the life of a human heart.
>
> Indifference is a common error
> In the life of a human soul.

According to the poet, this leads to the loss of spirituality. To follow the path of morality, a simple heart, free from mistrust and doubt, is needed, which alone can make the individual capable of journeying towards meditation. The poet, explaining the meaning of this journey in one of his aphorisms, says:

> With a tireless self-giving,
> We can see the arrival
> Of our Beloved Supreme
> At our heart's aspiration-door.

Sri Chinmoy lays emphasis on devotion and surrender to the Beloved with a mind free from lust and desires, which, according to the Vaishnavite philosophers and poets, are the 'sentiments of the Gopis' or the 'sentiments of Radha.' The poetry of Sri Chinmoy is capable of giving expression to these sentiments. It proves very effective in unfolding the agony born out of separation from the Lord.

> Alas, far, very far, now You are.
> The bird of my heart is crying and trembling
> With darkest pangs.

This is the best gift of the Lord to the devotee and opens up the door for the latter to see the Beauty of his Beloved.

In brief, Sri Chinmoy's poetry strives to make the entire universe a partner in enjoying the bliss of his own experience. He says:

> It shall never happen!
> I shall never eat
> My realisation-fruit
> All alone.
> It shall never happen.

The poet in Sri Chinmoy uses allegories and symbols in a natural and meaningful way. In one of his symbolic poems entitled "O Yogi," the philosophy of the immortality of the soul is defined through a dialogue between a Yogi and a seeker. The latter asks the Yogi, when shall I love and seek God? When will it happen? The Yogi answers:

> "The day you feel
> Your soul-seed is of God
> And
> Your life-fruit is for God."

The Yogi poet explains through imagery the different stages of samadhi, which are *savikalpa* samadhi, *nirvikalpa* samadhi and *sahaja* samadhi. His definitions of these samadhis are different from those accepted traditionally. Based on his own experience, the poet says:

> *Savikalpa* samadhi is the experience
> Of purity-sea and integrity-sky.

His amazing description of *nirvikalpa* and *sahaja* samadhis is as follows:

> *Nirvikalpa* samadhi is the experience
> Of loftiest self-transcendence.

and,

> *Sahaja* samadhi is reality's message simplified:
> Ignorance lost forever and Immortality won.

According to Kabirdas, *sahaja* samadhi is the greatest samadhi, which makes it possible to get out of ignorance, to have the vision of supreme Truth and to experience eternal Immortality. It results in the experience of the Lord's Cosmic Game. Sri Chinmoy writes:

> In the Cosmic Game
> You discover
> That you eternally and supremely are
> What all along,
> From time immemorial,
> You have been helplessly and desperately
> Aspiring to become.

Indian philosophy does not differentiate between human beings and animals, etc. We should treat animals, birds and all others like our children, with love, as per the Indian philosophy. The poetry of Sri Chinmoy treats this feeling of oneness with the animals, etc. as *yagna* (sacrifice).

> After God-realisation
> My unconditional oneness
> With the ignorance-world
> Is my supreme sacrifice.

Sri Chinmoy, the poet, is a devotee, Yogi and thinker. A powerful intellectual voice, the result of his spiritual and philosophic contemplation, can be heard all through his poems. His poetry appears very close to the literature of the medieval saints of India.

The Yogi poet also criticises, in a constructive way, the modern materialistic human mind and its attitudes. According to him, violence, hatred, mistrust, doubt and fear in the individual mind have today become the characteristics of the entire human society. The poetry of Sri Chinmoy presents a soul-touching description of these inhuman attitudes. He has put a very timely, challenging and meaningful question to the human being:

> Who brought death into the world?
> You alone and nobody else.
> See and confess!

The Yogi poet asserts:

> Doubt, insecurity
> And impurity
> Are the three prime
> Spiritual death symptoms.

These three, he says, are the greatest enemies of the individual as well as of the universal man, and they have made life on earth spiritually dead, resulting in warfare and violence. Sri Chinmoy's poetry is thus filled with the universal vision and is inspired by the desire for human redemption.

I congratulate the mystic poet, Sri Chinmoy, for such a wonderful poetic work, filled with his spiritual consciousness and vision, as well as with his humanistic and humanitarian character.

This graceful and elegant Hindi version of Sri Chinmoy's poetry is presented by Dr. P. Jayáraman, poet, thinker and critic, who is a versatile scholar of Hindi and many other languages. His contribution will always be remembered in the Hindi world.

Dr. Kunvar Chandra Prakash Singh

श्री चिन्मय के साथ श्रीमती तुलसी जयरामन और डॉ. जयरामन

Sri Chinmoy with Smt. Tulsi Jayaraman and Dr. Jayaraman

CONTENTS

अनुक्रम **पृष्ठ संख्या**

Page No.

Page No.

पृष्ठ संख्या

Page No.

पृष्ठ संख्या

Page No.

पृष्ठ संख्या

SRI CHINMOY SUTRAS

पृष्ठ संख्या

श्री चिन्मय काव्य

Sri Chinmoy Kavya

POEMS OF SRI CHINMOY

THE ABSOLUTE

No mind, no form, I only exist;
Now ceased all will and thought.
The final end of Nature's dance,
I am It whom I have sought.

A realm of Bliss bare, ultimate,
Beyond both knower and known.
A rest immense I enjoy at last;
I face the One alone.

I have crossed the secret ways of life,
I have become the Goal.
The Truth immutable is revealed;
I am the way, the God-Soul.

My spirit aware of all the heights,
I am mute in the core of the Sun.
I barter nothing with time and deeds;
My cosmic play is done.

My Flute, page 1

सम्पूर्ण

नहीं कोई चित्त, नहीं कोई रूप
केवल मैं, केवल मैं वर्तमान;
लीन हुए सारे संकल्प और विचार
प्रकृति की लीला का यही अन्तिम छोर
वही मैं हूँ, वही मैं हूँ जिसे मैंने चाहा था।

चरम आनन्द का साम्राज्य;
ज्ञाता और ज्ञात से बहुत दूर;
लेता हूँ मैं गम्भीर शान्ति का आस्वाद;
मैं केवल एक के सामने हूँ।

जीवन के गुप्त पथ मैंने पार किये;
आखिर मैं खुद ही मंज़िल बन गया;
अविनाशी सत्य प्रकट हुआ;
मैं स्वयं मार्ग हूँ, चिरन्तन आत्मा भी।

परिचित है मेरी चेतना सारी ऊँचाइयों से;
मैं सूरज के बीचों बीच मूक हूँ;
मैं समय और कर्म के बीच मोलतोल नहीं करता हूँ;
यही मेरी सार्वभौम लीला है।

हिन्दी रूपान्तर : डॉ. पी. जयरामन

SWEET, SWEETER, SWEETEST

Sweet is my Lord.
Him I have realised as the Eternal Truth.
Sweeter is my Lord.
Him I have realised as the only Doer.
Sweetest is my Lord.
Him I have realised as the Enjoyer Supreme.

My Flute, page 2

मधुर, मधुरतर, मधुरतम

मधुर मेरा देवता है
उसे मैंने समझा है अमर सत्य के रूप में।

मधुरतर मेरा देवता है
उसे मैंने समझा है एक ही कर्ता के रूप में।

मधुरतम मेरा देवता है
उसे मैंने समझा है सर्वोत्तम भोक्ता के रूप में।

हिन्दी रूपान्तर : डॉ. पी. जयरामन

MY NAME, MY AGE, MY HOME

At last I know my name.
My name is God's eternal Game.
At last I know my name.

At last I know my age.
My age is Infinity's page.
At last I know my age.

At last I know my home.
My home is where my flame-worlds roam.
At last I know my home.

My Flute, page 3

मेरा नाम–मेरी उम्र–मेरा आवास

आखिर मैं अपना नाम जानता हूँ;
मेरा नाम है भगवान की सनातन लीला;
आखिर मैं अपना नाम जान गया हूँ।

आखिर मैं अपनी उम्र जानता हूँ;
मेरी उम्र है अनन्तता का पृष्ठ;
आखिर मैं अपनी उम्र जान गया हूँ।

आखिर मैं अपना आवास जानता हूँ;
मेरा आवास है वह जहाँ मेरा ज्वालामय
विश्व घूमता है;
आखिर मैं अपना आवास जान गया हूँ।

हिन्दी रूपान्तर : डॉ. पी. जयरामन

O LOVE ME MORE AND LOVE ME LONG

O love me more and love me long.
My boat is sinking; my hope is strong.

O love me more and love me long.
My breath is bleeding; my dream is strong.

O love me more and love me long.
My soul is leaving; my surrender strong.

O love me more and love me long.
My Goal is crying; my promise strong.

My Flute, page 4

मुझे और प्यार करो–
ज़्यादा प्यार करो

मुझे और प्यार करो–ज़्यादा प्यार करो।
मेरी नैया डूब रही है, पर मेरी आशा प्रबल है।

मुझे और प्यार करो–ज़्यादा प्यार करो।
मेरी साँस खत्म हो रही है, पर मेरा स्वप्न सशक्त है।

मुझे और प्यार करो–ज़्यादा प्यार करो।
मेरी आत्मा छूट रही है, पर मेरा समर्पण मज़बूत है।

मुझे और प्यार करो–ज़्यादा प्यार करो।
मेरा लक्ष्य रो रहा है, पर मेरा विश्वास अमर है।

हिन्दी रूपान्तर : डॉ. पी. जयरामन

A LITTLE

A little joy have I of ceaseless joy,
  A little day of timeless day.
Yet knows no bound this empty show of mine;
  I march along a goalless way.

O Love! A desert within me ever pines.
  Do turn it into a song of dawn.
I know not in what hour of evil night
  Thou art, my Lord, from me withdrawn.

Life now must reach Thy Breath of Bliss supreme,
  Make Thee the one and only Guide.
Thou art the Bridge between my death and birth;
  O let my longings in Thee abide.

My Flute, page 11

थोड़ा-सा

मुझे मिला है अन्तहीन आनन्द का थोड़ा-सा अंश
अनन्त समय का एक लघु भाग।
फिर भी मेरे इस अर्थहीन दिखावे का कोई अन्त नहीं;
मैं लक्ष्यहीन पथ पर बढ़ता जा रहा हूँ।

हे प्यार! मेरे भीतर का मरुस्थल मुझे कुरेदता है;
इसे प्रभाती गान में बदल दे।
ज्ञात नहीं मुझे, पापी रात्रि के किस पहर में
या खुदा, तू मुझसे दूर चला जाता है!

अब यह जीवन पा ले तेरी सर्वोत्तम
कृपा का प्रसाद;
बना ले तुझे मात्र एक मार्गदर्शक;
तू है मेरी मृत्यु और जन्म के बीच का सेतु;
कृपा कर कि मेरी सारी आकांक्षायें तुझमें
विलीन हो जाएँ।

हिन्दी रूपान्तर : डॉ. पी. जयरामन

THE SUPREME

Father, I have seen.
    "No."
Father, I have known.
    "No."
Father, I have felt.
    "No."
Father I have become.
    "No."
Father, I AM.
    "Yes."

My Flute, page 13

सर्वोत्तम

हे पिता, मैंने तुझे देखा है,
'नहीं'

हे पिता, मैंने तुझे जाना है,
'नहीं'

हे पिता, मैंने तुझे महसूसा है,
'नहीं'

हे पिता, मैं तू बना हूँ,
'नहीं'

हे पिता, मैं तू हूँ,
"जी हाँ"

हिन्दी रूपान्तर : डॉ. पी. जयरामन

THE SUPREME

Father, You are the Grace.
 "No."
Father, You are the Law.
 "No."
Father, You are the Birth
 and
Death of Creation.
 "No."
Father, You are the Child
 of
Your DREAM.
 "Yes."

My Flute, page 14

सर्वोत्तम

हे पिता, तू कृपा है,
'नहीं'

हे पिता, तू विधि है,
'नहीं'

हे पिता, तू सृष्टि का,
जन्म - मरण है,
'नहीं'

हे पिता, तू अपनी कल्पना का
शिशु है ;
'जी हाँ'

हिन्दी रूपान्तर : डॉ. पी. जयरामन

EVER AND NEVER

Will You love me, Lord,
If I love ignorance more?
    "I shall love you,
To you open My Spirit's Door."

Will You love me, Lord,
If I marry the fires of hell?
    "I shall love you;
Your life's venom-tree My Eye shall fell."

Will You love me, Lord,
If I live with wildest death?
    "I shall love you;
In you I sowed My deathless Breath."

Will You love me, Lord,
If I come to You alone?
    "Never. Bring quick
With you the world, else I shall moan."

My Flute, page 18

हमेशा और कभी नहीं

क्या तुम मुझसे प्यार करोगे
या खुदा, यदि मैं अज्ञान से अधिक प्यार करूँ
—"हाँ, मैं तुमसे प्यार करूँगा
ताकि तुम मेरी चेतनता का द्वार खोल सको।"

क्या तुम मुझसे प्यार करोगे
या खुदा, यदि मैं नरक की आग से ब्याहूँ?
—"हाँ, मैं तुमसे प्यार करूँगा;
तुम्हारे जीवन के विषैले वृक्ष को मेरी
नज़र गिरा देगी।"

क्या तुम मुझसे प्यार करोगे
या खुदा, यदि मैं भयावह मृत्यु के साथ रहूँ?
—"हाँ, मैं तुमसे प्यार करूँगा
क्योंकि मैंने तुममें अपनी अमर साँस फूँकी है।"

क्या तुम मुझसे प्यार करोगे
या खुदा, यदि मैं तुम्हारे पास अकेला आऊँ?
—"नहीं, कभी नहीं, शीघ्र ही अपने साथ
विश्व को लाओ ;
वरना मुझे अफसोस होगा।

हिन्दी रूपान्तर : डॉ. पी. जयरामन

THE HERO MARCHES ALONG

He who has loved this world
Has only got excruciating pangs.
The world has thrown on him
All ugliness, filth, dirt and impurity.
Yet the hero marches along
Carrying the burden of the entire world.
At the end of his teeming struggles
He will go and stand at the Feet
    Of the Lord Supreme.

My Flute, page 23

बहादुर आगे बढ़ता है

दुनिया से जिसने प्यार किया
उसे मिला है केवल उत्पीड़क दर्द।
दुनिया ने उसपर फेंकी है
सारी गन्दगी, बदसूरती, अपवित्रता।

फिर भी वह बहादुर आगे बढ़ता है
सारी दुनिया का बोझ ढोते हुए।
वह अपने बढ़ते संघर्षों के अन्त में
आगे बढ़ेगा और सर्वोच्च मालिक के
चरणों में समर्पित होगा।

हिन्दी रूपान्तर : डॉ. पी. जयरामन

HOPE

Thou art my Lord, my golden dream,
    Thou art my life in death.
O bless me with Thy Hope supreme,
    Lord of the eternal Breath!

Agelong the vision of Thy Sun
    For darkness have I sought.
I know the evils I should shun
    And quickly bring to nought.

The earth is deaf and blind, my Lord;
    Its true goal it denies.
It hears no voice, no Heavenly word
    From those who seek the skies.

O yet I feel Thy kingly Grace
    With my feeble mortality.
I shall win at last the noonward race,
    Plunge in the nectar-sea.

My Flute, page 26

आशा

प्रभु मेरे! तू ही मेरा स्वर्णिम स्वप्न;
तू ही मृत्यु में मेरा जीवन;
हे मेरे अनन्य! हे चिरन्तन श्वास के मालिक!
मुझे अपनी अपरिमित आशा का वरदान दे।

मैंने तम से मुक्त होने के लिए
तेरे सूर्य के कालातीत प्रकाश की कृपा माँगी।
मैं दोषों को जानता हूँ जिनसे दूर होना है
ताकि शून्य की स्थिति में जल्दी ही आया जाए।

प्रभु मेरे! मूक बधिर है धरती;
इसे अपने ही लक्ष्य का पता नहीं;
यह कोई ध्वनि नहीं सुनती; सुनती नहीं कोई स्वर्गिक शब्द
उन लोगों का जो विशाल की कामना करते हैं।

फिर भी मैं तेरी अनुकम्पा को महसूस करता हूँ
अपनी शिथिल नश्वरता के मध्य में;
आशा है; मैं अन्त में इस बिचली दौड़ को जीत लूँगा
और अमृत-सागर में डूब सकूँगा।

हिन्दी रूपान्तर : डॉ. पी. जयरामन

ARISE! AWAKE!

Arise, awake, O friend of my dream.
Arise, awake, O breath of my life.
Arise, awake, O light of my eyes.
O seer-poet in me,
Do manifest yourself in me and through me.

Arise, awake, O vast heart within me.
Arise, awake, O consciousness of mine,
Which is always transcending the universe
And its own life of the Beyond.

Arise, awake, O form of my meditation transcendental.
Arise, awake, O bound divinity in humanity.
Arise, awake, O my heart's Liberator, Shiva,
And free mankind from its ignorance-sleep.

My Flute, page 30

उठो! जागो!

उठो, जागो, मेरे स्वप्न के आधार!
उठो, जागो, मेरे जीवन के श्वास;
उठो, जागो, मेरे नयनों के प्रकाश;
हे मेरे भीतर के द्रष्टा-कवि!
स्वयं को मुझमें और मेरे द्वारा प्रकट करो।

उठो, जागो, मेरे भीतर के विशाल हृदय;
उठो, जागो, हे मेरी प्रज्ञा
जो सदा विश्व को—
अपने आगे के जीवन को
अतिक्रमित करती है!

उठो, जागो, मेरे लोकोत्तर ध्यान के स्वरूप!
उठो, जागो, हे मानवीयता में आबद्ध दैवी तत्व;
उठो, जागो, हे मेरे अन्तर के मुक्ति-दाता, शिव!
मानव को उसकी अविद्या निद्रा से मुक्त कर दो!

हिन्दी रूपान्तर : डॉ. पी. जयरामन

IN THE FOREST OF MY INNER LIGHT

O King of the cowherds,
O King of the cowherds,
Just once before me appear.
My life is a false dream,
My death is a false dream.
Do take them away.

O King of the cowherds,
O King of the cowherds,
Just once before me appear.
In the forest of my inner light,
In the silent depths of my heart,
I hear the soul-stirring music of Your flute.

I see Your divine cow,
Grazing in the lap of Infinity's silence.
O King of the cowherds,
O King of the cowherds,
Just once before me appear.

My Flute, page 35

मेरे आन्तरिक प्रकाश के जंगल में

हे गोपाल, हे गोविन्द!
केवल एक बार मेरे सामने प्रकट हो,
मेरा जीवन झूठा सपना है;
मेरी मृत्यु झूठी कल्पना है;
दोनों को ले ले तू!

हे गोपाल, हे गोविन्द!
केवल एक बार मेरे सामने प्रकट हो।
अपने आन्तरिक प्रकाश के जंगल में,
अपने हृदय की मौन गहराई में,
मैं तेरी मुरली का मर्मस्पर्शी संगीत सुनता हूँ।

मैं तेरी दैवी गैया को
असीम मौन की गोदी में चरता देखता हूँ।
हे गोपाल, हे गोविन्द!
केवल एक बार मेरे सामने प्रकट हो।

हिन्दी रूपान्तर : डॉ. पी. जयरामन

MY KRISHNA IS NOT BLACK

My Krishna is not black,
He is pure gold.
He Himself is woven
Into the universal Beauty, Light and Splendour.

He looks dark
Because I have spilled the ink
Of my mind on Him.
Otherwise, my Beloved is All-Light.

He created light and darkness,
He is within and without the Cosmos vast.

With this knowledge,
I will have a new acquaintance
With the world at large.

My Flute, page 39

मेरा कृष्ण काला नहीं है

मेरा कृष्ण काला नहीं है,
वह विशुद्ध स्वर्ण है
वह विश्व-सौन्दर्य, प्रकाश
और ओज में गुँथा हुआ है,

वह काला दिखता है
क्योंकि मैंने उसपर अपने दिल की
कालिमा पोत दी है।
वरना, मेरा प्रियतम पूर्ण प्रकाश है।

उसने बनाया प्रकाश और तम;
वह ब्रह्माण्ड के भीतर और बाहर है।

पूरे संसार के साथ
इस ज्ञान के कारण
मेरा नया परिचय होगा।

हिन्दी रूपान्तर : डॉ. पी. जयरामन

MY LIFE

My life began with duty's pride,
My life shall live with beauty's light.
My life shall sport with reality's soul,
My life shall end with divinity's height.

My Flute, page 40

मेरी ज़िन्दगी

मेरी ज़िन्दगी कर्त्तव्य के अभिमान के साथ
शुरू हुई,
मेरी ज़िन्दगी सौन्दर्य के प्रकाश के साथ
जियेगी।

मेरी ज़िन्दगी वास्तविकता की आत्मा के साथ
खेलेगी,
मेरी ज़िन्दगी दैवी तत्त्व की ऊँचाई के साथ
खत्म होगी।

हिन्दी रूपान्तर : डॉ. पी. जयरामन

THE BOAT OF TIME SAILS ON

The sky calls me,
The wind calls me,
The moon and the stars call me.

The green and the dense groves call me,
The dance of the fountain calls me,
Smiles call me, tears call me.
A faint melody calls me.

The morn, noon and eve call me.
Everyone is searching for a playmate,
Everyone is calling me, "Come, come!"
One voice, one sound, all around.
Alas, the Boat of Time sails on.

My Flute, page 48

समय की नौका बढ़ती जा रही है

आकाश मुझे बुलाता है,
हवा मुझे बुलाती है,
चन्द्र और नक्षत्र भी मुझे बुलाते हैं,

हरी और घनी झाड़ियाँ मुझे बुलाती हैं,
फ़व्वारे का नृत्य मुझे बुलाता है,
मुस्कान बुलाती है मुझे,
आँसू भी बुलाते हैं मुझे,
एक हलकी सी रागिनी बुलाती है मुझे।

सुबह, दोपहर और शाम मुझे बुलाती हैं।
हर कोई अपने खेल के लिए
एक साथी को ढूँढ़ रहा है,
हर कोई मुझे बुला रहा है,
"आ, आ जा"!
एक ही ध्वनि, एक ही आवाज़ है हर कहीं,
हाय, समय की नौका बढ़ती जा रही है।

हिन्दी रूपान्तर : डॉ. पी. जयरामन

WHERE IS THE TRUTH?

O Lord, where is the Truth?
    "Where your Beloved is."
Who is my Beloved, who?
    "In Whom your life is peace."

My Flute, page 52

कहाँ है सत्य?

हे मालिक, सत्य कहाँ है?
"जहाँ तेरा आशिक है",
मेरा आशिक कौन है? कौन है?
"जिसमें तेरा जीवन शान्त है।"

हिन्दी रूपान्तर : डॉ. पी. जयरामन

YOUR COMPASSION-WATERS

Peace, peace,
Peace within my heart reigns supreme.
The soul-stirring flute of Lord Krishna
Is being played in my Heaven
    And on my earth.

The destruction-shadows of dark demons
And the ignorance-delusion of sombre night
Lie long-buried in the depths
    Of my body, mind, heart and life.
My aspiration-flames ever swim across
The expanse of Your Compassion-Waters.

My Flute, page 53

तेरी करुणा का सागर

शान्ति और शान्ति,
मेरे हृदय के भीतर परम शान्ति का शासन है;
भगवान कृष्ण की मर्मस्पर्शी मुरली बज रही है
मेरे स्वर्ग में और मेरी धरती पर।

काले असुरों की विनाश-परछाइयाँ
और अज्ञान-मोह की धुँधली रात
मेरे तन, मन, हृदय और प्राणों की
गहराइयों में बहुत समय से
दफ़न हुई पड़ी हैं।

मेरी आकांक्षा की अग्नि शिखा
तेरी करुणा के सागर के फैलाव के आरपार
सर्वदा तैरती रहती है।

हिन्दी रूपान्तर : डॉ. पी. जयरामन

I SING, I SMILE

I sing because You sing.
I smile because You smile.
Because You play on the flute
I have become Your flute.
You play in the depths of my heart.
You are mine, I am Yours.
This is my sole identification.
In one form, You are my Mother
And Father eternal,
And Consciousness-Moon, Consciousness-Sun
All-pervading.

My Flute, page 55

मैं गाता हूँ, मैं मुस्कराता हूँ

मैं गाता हूँ, इसलिए कि तू गाता है।
मैं मुस्कराता हूँ, इसलिए कि तू मुस्कराता है।

क्योंकि तू मुरली बजाता है,
मैं तेरी मुरली बन गया हूँ।
तू मेरे अन्तर की गहराई में बजाता है।
तू मेरा है, मैं तेरा हूँ।

यही मेरा एकमात्र परिचय है।
तू मेरी माँ है और अमर पिता भी,
और तू सर्वव्यापी चैतन्य-शशि
और चैतन्य-रवि है।

हिन्दी रूपान्तर : डॉ. पी. जयरामन

I SHALL LISTEN

I shall listen to Your command, I shall.
In Your sky I shall fly, I shall fly.
Eternally You are mine, my very own.
You are my heart's wealth.
For You at night in tears I shall cry.
For You at dawn with light I shall smile.
For You, for You, Beloved, only for You.

My Flute, page 56

मैं मानूँगा

मैं तेरा आदेश मानूँगा।
मैं तेरे गगन में उड़ूँगा।
हमेशा के लिए तू मेरा है, मेरा ही है।
तू मेरे अन्तर की सम्पत्ति है;
रात को मैं तेरे लिए आँसू बहाऊँगा।
भोर में मैं तेरे लिए मुस्कराऊँगा,
तेरे लिए, मेरे प्रियतम, सिर्फ तेरे लिए।

हिन्दी रूपान्तर : डॉ. पी. जयरामन

O MY LORD OF BEAUTY

You are beautiful, more beautiful,
    Most beautiful,
Beauty unparalleled in the Garden of Eden.
Day and night may Thy Image abide
    In the very depth of my heart.
Without You my eyes have no vision,
Everything is an illusion, everything is barren.
All around me, within and without,
The melody of tenebrous pangs I hear.
My world is filled with excruciating pangs.
O Lord, O my beautiful Lord,
O my Lord of Beauty,
In this lifetime, even for a fleeting second,
May I be blessed with the boon
    To see Thy Face.

My Flute, page 58

हे मेरे खूबसूरत मालिक!

तू खूबसूरत है, अधिक खूबसूरत है,
सबसे ज़्यादा खूबसूरत है।
ईडन की वाटिका में अप्रतिम सौन्दर्य है।
दिन-रात मेरे गहन अन्तर में तेरा रूप समा जाए।
तेरे बिना मेरी आँखों में रोशनी नहीं होती,
हर चीज़ माया है, हर वस्तु बन्ध्या है।
मैं अपने चारों तरफ़, भीतर और बाहर
कसकती वेदना का स्वर सुनता हूँ।
मेरी दुनिया भरी है कसमसाती वेदना से;
हे देवता! हे मेरे खूबसूरत मालिक!
इस जीवन-काल में थोड़े समय के लिए भी
मुझे अपना चेहरा देखने का वरदान दे!

हिन्दी रूपान्तर : डॉ. पी. जयरामन

ONLY THE OTHER DAY

O Lord Surpeme,
Only the other day
I saw You and played with You
Before I came into the world
    Of ignorance-night.
Yet I remember my golden past
    Within and without.
Alas, far, very far, now You are.
The bird of my heart is crying and trembling
    With darkest pangs.

My Flute, page 59

अभी कुछ दिन पहले

हे महान देवता,
अभी कुछ दिन पहले
इस अज्ञान-तम के विश्व में आने के पूर्व
तुझे देखा था; तेरे साथ खेला था।
फिर भी मुझे मेरे स्वर्णिम अतीत
का भीतर और बाहर याद है।
हाय, तू अब दूर है, बहुत दूर;
मेरे हृदय का पंछी
अतिशय वेदना के साथ
रो रहा है, काँप रहा है।

हिन्दी रूपान्तर : डॉ. पी. जयरामन

MY LAST WORD

My last word You will hear.
With this hope
I still exist on earth.
Let me dance in Your Heart always,
In the nights of sorrow and in the days of joy.
I feel that the torture of happiness
Is more painful than the torture of sorrow,
For when I am in joy I forget You,
I hurt Your Heart.

My Flute, page 61

मेरा अन्तिम शब्द

मैं इस विश्वास के साथ
धरती पर अभी भी जीता हूँ
कि
तू एक दिन मेरा अन्तिम शब्द सुनेगा।

वेदना की रात और खुशी के दिन में
सर्वदा मैं तेरे अन्तर में नाचूँ;
लगता है कि
खुशी जब सताती है तो
व्यथा से ज्यादा दर्द होता है;
क्योंकि
मैं खुशी में तुझे भूल जाता हूँ;
मैं तेरे दिल को ठेस लगाता हूँ।

हिन्दी रूपान्तर : डॉ. पी. जयरामन

HOW LONG?

How long more shall I cry, Mother?
How long shall I cry
In a dark room alone, loving You?
You know my secret thoughts.
You know my heart's eagerness.
Why does dark death torture me every day?
How long will You delay, Mother?
How long will You delay?
As Jesus had Mary,
So are You my World-Mother.

My Flute, page 62

कब तक?

कब तक और मैं रोऊँ, माँ?
अँधेरे कमरे में अकेले, तेरे प्यार में
कब तक मैं रोऊँ?
तू जानती है मेरे गुप्त भाव;
तुझे मालूम है मेरे अन्तर की आतुरता।
काली मौत हर दिन मुझे क्यों सताती है?
कब तक तू देर करेगी, माँ?
कब तक तू देर करेगी?
जैसे ईसा की मरियम थी,
वैसे तू मेरे विश्व की माँ है।

हिन्दी रूपान्तर : डॉ. पी. जयरामन

ONLY ONE HOPE

Break asunder all my hopes.
Only keep one hope,
And that hope is to learn
The language of Your inner Silence
In my utter unconditional surrender.
In Your clear and free sky
I shall be calm and perfect.
The bird of my heart is dancing today
In the festival of supernal Light.

My Flute, page 64

केवल एक आशा

मेरी सारी आशायें टूट गयी हैं;
केवल एक आशा बची है;

वह आशा है
मेरे सम्पूर्ण शर्तरहित समर्पण में
तेरे भीतर की मौन भाषा सीखने की।

तेरे साफ़ और मुक्त गगन में
मैं शान्त और सम्पूर्ण रहूँ।
आज मेरे हृदय का पंछी
दैवी ज्योति के उत्सव में
नाच रहा है।

हिन्दी रूपान्तर : डॉ. पी. जयरामन

MOTHER, IF I LOSE TO YOU

Mother, if I lose to You,
That is my only victory.
Whatever I have given into Your Hands
Is my only savings.
To me the rest is of no value,
A mere waste,
And it only tortures me and
Stands as a burden on my way.
I cannot put it to use.
When I lose to You,
After I have achieved
My full realisation,
I know my greatest reward I shall receive.

My Flute, page 70

माँ, यदि मैं अपने आपको तुम्हें अर्पित करता हूँ

माँ, यदि मैं अपने आपको
तुम्हें अर्पित करता हूँ
तो वही मेरी विजय है।

मैंने जो भी तुम्हें दे दिया है
वही मेरी बचत है;
शेष सारा मेरे लिए बेकार है,
न ही उसका कोई मूल्य है
वह मुझे सिर्फ़ सताता है,
और वह मेरी राह पर बोझ बना रह जाता है;
उसका मैं इस्तेमाल नहीं कर सकता।

मैं सम्पूर्ण आत्मानुभूति के पश्चात्
जब अपने आपको तुम्हें अर्पित करता हूँ
तब मैं जान पाता हूँ कि
वही मुझे मिलने वाला
सर्वश्रेष्ठ पुरस्कार है।

हिन्दी रूपान्तर : डॉ. पी. जयरामन

I HAVE WORSHIPPED

I have worshipped God with love.
His Delight is my reward.

I have worshipped God with fear.
His sorrow is my result.

I have worshipped God to see Him.
He comes, but I see Him not.

I have worshipped God.
I know not why.
He is now won —
My self-revealing Sun.

My Flute, page 78

मैंने पूजा की है

मैंने प्यार से खुदा की पूजा की है
उसका आनन्द मेरा पुरस्कार है।

मैंने भय से खुदा की पूजा की है
उसकी व्यथा मेरा परिणाम है।

मैंने खुदा को देखने के लिए उसकी पूजा की है
वह आता ज़रूर है, पर मैं उसे देखता नहीं हूँ।

मैंने खुदा की पूजा की है;
पर नहीं जानता कि क्यों।

अब मैंने पा लिया है उसे
जो मेरी आत्मा को दर्शानेवाला सूरज है।

हिन्दी रूपान्तर : डॉ. पी. जयरामन

I REMEMBER

I remember...
My mother loved me, her world.
My father loved me, his dream.
My home loved me, its 'supreme.'

I remember...
I prayed with the blooming dawn,
I played with the glowing sun.
My life, the nectar-fun.

I remember...
I sang with the twinkling stars,
I danced with the floating moon.
All lost, alas, too soon.

I remember, I remember, I remember.

My Flute, page 86

मुझे याद है

मुझे याद है.....
मेरी माँ ने मुझसे प्यार किया जो उसका
संसार है;
मेरे पिता ने मुझसे प्यार किया जो उसका
स्वप्न है;
मेरे घर ने मुझसे प्यार किया जो उसका
मालिक है।

मुझे याद है.....
मैंने खिलती सुबह में पूजा,
चमकते सूर्य से खेला;
यह मेरा जीवन है, अमृतमय क्रीड़ा है।

मुझे याद है......
मैंने टिमटिमाते सितारों के साथ गाया,
गतिमान चन्दा के साथ नाचा;
हाय, बहुत जल्दी सब खत्म हो गया।
मुझे याद है; मुझे याद है।

हिन्दी रूपान्तर : डॉ. पी. जयरामन

THE MESSAGE OF SURRENDER

Today You have given me
The message of surrender.
I have offered to You
My very flower-heart.
In the dark night with tears,
In the unknown prison-cell of illusion,
In the house of the finite,
No longer shall I abide.
I know You are mine.
I have known this, Mother,
O Queen of the Eternal.

My Flute, page 89

समर्पण का सन्देश

आज तूने मुझे दिया है
समर्पण का सन्देश।
मैंने तुझे अर्पित किया है
अपना कुसुम-हृदय।
आँसू भरी काली रात में
माया की अज्ञात कारा में
नश्वर आवास में
मैं कभी नहीं रहूँगा।

मैं जानता हूँ, तू मेरा है;
मैंने जाना है, तू मेरी माँ है
हे सम्राज्ञी अमर!

हिन्दी रूपान्तर : डॉ. पी. जयरामन

INVOCATION

Supreme, Supreme, Supreme, Supreme!
I bow to Thee, I bow.
My life, Thy golden plough;
My journey's Goal, Thy soulful Dream.
Supreme, Supreme, Supreme, Supreme!
I bow to Thee, I bow.

Supreme, I am Thy glowing Grace.
My world, Thy Feet of Light;
My breath, Thy Vision's kite.
Thou art one Truth, one Life, one Face.
Supreme, Supreme, Supreme, Supreme!
I bow to Thee, I bow.

My Flute, page 90

प्रार्थना

हे सर्वोत्तम, हे महान!
मैं तेरे चरणों में नत हूँ।
मेरा जीवन है तेरा स्वर्णिम साधन;
मेरी यात्रा का लक्ष्य है तेरा सम्पूर्ण स्वप्न;
हे सर्वोत्तम, हे महान!
मैं तेरे चरणों में नत हूँ।

हे सर्वोत्तम, मैं हूँ तेरा भासमान अनुग्रह;
मेरी दुनिया है तेरा प्रकाश-चरण;
मेरी साँस है तेरी दृष्टि की पतंग;
तू है एक सत्य, एक जीवन, एक रूप!
हे सर्वोत्तम, हे महान।
मैं तेरे चरणों में नत हूँ।

हिन्दी रूपान्तर : डॉ. पी. जयरामन

IT'S ME, FATHER

It's me, Father.
    For God's sake,
Do not be so alarmed.

It's me, Father.
    For God's sake,
Do not be so disturbed.

"Son, I am not alarmed,
    I am not disturbed.
    I am only happy and amazed
    That you are knocking at My Door
    At long last.
Come in, My son, come in."

Selections from The Dance of Life, page 2

मेरे पिता! मैं आया हूँ

मेरे पिता! मैं आया हूँ
भगवान के लिए
इतने भीत न होना।

मेरे पिता! मैं आया हूँ
भगवान के लिए
इतने परेशान न होना।

"बेटे, मैं भीत नहीं हूँ,
मैं परेशान नहीं हूँ;
मैं मात्र प्रसन्न और चकित हूँ
इसलिए कि
तुम आखिर मेरा दरवाज़ा खटखटा रहे हो।
मेरे बेटे! आओ अन्दर,
अन्दर आ जाओ।

हिन्दी रूपान्तर : डॉ. पी. जयरामन

LORD, IF IT IS YOUR WILL

Lord, if it is Your Will,
I shall love my enemies.

Lord, if it is Your Will,
I shall illumine my friends.

Lord, if it is Your Will,
I shall forgive my earthly existence.

Lord, if it is Your Will,
I shall live without You.

But
If it is Your Will
That I should equal You
And become another God,
Then
I shall cry around You,
I shall sigh within You,
I shall die before You.

Lord, give me only one boon,
First and last:
That You will remain my eternal Lord.

Selections from The Dance of Life, page 3

या खुदा, गर यह तेरी इच्छा हो

या खुदा, गर यह तेरी इच्छा हो
तो
मैं अपने शत्रुओं से प्यार करूँगा।
या खुदा, गर यह तेरी इच्छा हो
तो
मैं अपने मित्रों को ज्योतिर्मय बना दूँगा।
या खुदा, गर यह तेरी इच्छा हो
तो
मैं अपने भौतिक अस्तित्व को माफ़ कर दूँगा।
या खुदा, गर यह तेरी इच्छा हो
तो
मैं तेरे बिना जी लूँगा।
पर, गर यह तेरी इच्छा हो
कि मैं तेरे समान हो जाऊँ, और
दूसरा खुदा बन जाऊँ
तो, मैं तेरे चारों तरफ़ रो जाऊँ,
मैं तेरे भीतर आह भरूँ,
मैं तुझसे पहले मर जाऊँ।
या खुदा, मुझे सिर्फ़ एक वर देना
पहला और अन्तिम,
कि तू
मेरा शाश्वत मालिक बना रहेगा।

हिन्दी रूपान्तर : डॉ. पी. जयरामन

HE TRIED

He tried.
 Therefore,
God gave him
Another chance
To discover the Truth.

He tried.
 Therefore,
God granted him
Another weapon
To fight against ignorance.

He tried.
 Therefore,
God made him
Another God
To take part in His Cosmic Play.

Selections from The Dance of Life, page 4

उसने कोशिश की

उसने कोशिश की
इसलिए
भगवान ने उसे दिया
सत्य को खोजने का
एक और मौका।

उसने कोशिश की
इसलिए
भगवान ने उसे दिया
अज्ञान से लड़ने का
एक दूसरा शस्त्र।

उसने कोशिश की
इसलिए
भगवान ने उसे बनाया
दूसरा भगवान
ताकि वह उसकी सार्वभौम लीला में
भाग ले।

हिन्दी रूपान्तर : डॉ. पी. जयरामन

MY PROGRESS

There was a time
When I tried hard to avoid desires.
Now desires avoid me, my aspiration.

There was a time
When I tried hard to avoid doubts.
Now doubts avoid me, my faith.

There was a time
When I tried hard to avoid fear.
Now fear avoids me, my courage.

There was a time
When I tried hard to avoid temptation.
Now temptation avoids me, my liberation.

Selections from The Dance of Life, page 6

मेरी प्रगति

एक समय था
जबकि मैंने इच्छाओं को हटाने की बड़ी कोशिश की;
अब इच्छायें मुझसे दूर भागती हैं;
यह मेरी आकांक्षा की स्थिति है।

एक समय था
जब कि मैंने शंकाओं को हटाने की बड़ी कोशिश की;
अब शंकायें मुझसे दूर भागती हैं;
यह मेरी श्रद्धा की स्थिति है।

एक समय था
जबकि मैंने भय को हटाने की बड़ी कोशिश की;
अब भय मुझसे दूर भागता है;
यह मेरे साहस की स्थिति है।

एक समय था
जबकि मैंने आकर्षण को हटाने की बड़ी कोशिश की;
अब आकर्षण मुझसे दूर भागता है;
यह मेरी मुक्ति की स्थिति है।

हिन्दी रूपान्तर : डॉ. पी. जयरामन

MY NEEDS

I need a sleepless body
To see God.

I need a tireless vital
To play with God.

I need a fearless mind
To travel with God.

I need a selfless heart
To converse with God.

I need a deathless life
To dance with God.

Selections from The Dance of Life, page 7

मेरी चाह

मुझे चाहिए निद्राहीन शरीर
भगवान को देखने के लिए।
मुझे चाहिए अनथका ओज
भगवान के साथ खेलने के लिए।
मुझे चाहिए निर्भय मन
भगवान के साथ यात्रा करने के लिए।
मुझे चाहिए निःस्वार्थ हृदय
भगवान से बातें करने के लिए।
मुझे चाहिए अमर जीवन
भगवान के साथ नृत्य करने के लिए।

हिन्दी रूपान्तर : डॉ. पी. जयरामन

ABOVE ALL

Man above all:
This is the height
Of my animal realisation.

Love above all:
This is the height
Of my human realisation.

Oneness above all:
This is the height
Of my divine realisation.

God-manifestation above all:
This is the height
Of my absolute Perfection.

Selections from The Dance of Life, page 8

सबसे ऊपर

इनसान सबसे ऊपर है
यह मेरी पशुत्व-अनुभूति की
चरम सीमा है।

सबसे ऊपर है प्यार
यह मेरी मानवीय अनुभूति की
चरम सीमा है।

सबसे ऊपर है एकात्मता
यह मेरी दैवी अनुभूति की
चरम सीमा है।

ईश्वरीय अवतरण सबसे ऊपर है
यह मेरी समग्र सम्पूर्णता की
चरम सीमा है।

हिन्दी रूपान्तर : डॉ. पी. जयरामन

BEFORE AND AFTER

Before God-realisation
My renunciation
Was my supreme sacrifice.

After God-realisation
My unconditional oneness
With the ignorance-world
Is my supreme sacrifice.

Selections from The Dance of Life, page 9

पहले और बाद

दैवी अनुभूति के पहले
मेरा त्याग
मेरा सर्वोत्तम यज्ञ था।

दैवी अनुभूति के बाद
अज्ञान की दुनिया के साथ
मेरी शर्तरहित एकात्मता
मेरा सर्वोत्तम यज्ञ है।

हिन्दी रूपान्तर : डॉ. पी. जयरामन

TOGETHER STAY, TOGETHER PLAY

The murmuring of the life-river dies
When it reaches the peace-ocean.

The functioning of the unlit mind ceases
When the soul embraces the mind.

The dancing of the heart begins
When meditation and dedication
Together stay,
Together play.

Selections from The Dance of Life, page 11

साथ-साथ रहते हैं : साथ-साथ खेलते हैं

जीवन-नदी की कलकलाहट खत्म होती है
जब वह शान्ति-सागर में पहुँचती है।

निस्तेज मन की सक्रियता खत्म होती है
जब आत्मा मन को जोड़ लेती है।

हृदय का नृत्य शुरू होता है
जब ध्यान और समर्पण
साथ-साथ रहते हैं;
साथ-साथ खेलते हैं।

हिन्दी रूपान्तर : डॉ. पी. जयरामन

I AM LEARNING

I am learning the art of listening.
I wish to be an eternal student.

I am learning the art of believing.
I wish to be an eternal believer.

I am learning the art of serving.
I wish to be an eternal servant.

I am learning the art of becoming.
    I wish to be
The father of my silver dreams.
    I wish to be
The son of my golden realities.

Selections from The Dance of Life, page 25

मैं सीख रहा हूँ

मैं सुनने की कला सीख रहा हूँ
क्योंकि मैं सनातन शिष्य बनना चाहता हूँ।

मैं विश्वास करने की कला सीख रहा हूँ
क्योंकि मैं शाश्वत विश्वासी बनना चाहता हूँ।

मैं सेवा करने की कला सीख रहा हूँ
क्योंकि मैं सनातन सेवक बनना चाहता हूँ।

मैं बनने की कला सीख रहा हूँ
क्योंकि मैं चाहता हूँ कि
अपने तेजोमय सपनों का जनक बनूँ;
क्योंकि मैं चाहता हूँ कि
अपनी स्वर्णिम वास्तविकताओं का आत्मज बनूँ।

हिन्दी रूपान्तर : डॉ. पी. जयरामन

WHAT IT HAS

His concentration has given him
What it has: power.
With power he has changed
The lives of multitudes.

His meditation has given him
What it has: love.
With love he has changed
The face of humanity.

His contemplation has given him
What it has: oneness.
With his oneness he becomes man
The lover divine;
With his oneness he becomes God
The Beloved Supreme.

Selections from The Dance of Life, page 26

जो उसका अपना है

उसकी एकाग्रता ने उसे दी है शक्ति
जो उसकी अपनी है;
उस शक्ति से उसने बदल दिया है
अनेकों का जीवन।

उसके ध्यान ने उसे दिया है प्यार
जो उसका अपना है;
उस प्यार से उसने बदल दिया है
मानवता का रूप।

उसकी समाधि ने उसे दी है एकात्मता
जो उसकी अपनी है;
अपनी एकात्मता से वह बनता है मानव
जो दिव्य प्रेमी है;
अपनी एकात्मता से वह बनता है ईश्वर
जो सर्वोत्तम आशिक है।

हिन्दी रूपान्तर : डॉ. पी. जयरामन

LOVE AND BECOME

I looked for the mainland
    Of Reality,
And I found it.
    It whispered:
    "Love or suffer,
    Love or die,
    Love and grow,
    Love and become.
The world of hesitation has frightened your heart.
The world of calculation has puzzled your mind.
The world of temptation has captured your vital.
The world of depression has devoured your body."

Selections from The Dance of Life, page 35

प्यार कर और कुछ बन

मैंने तलाशा वास्तविकता की भूमि को
मैंने उसे देखा–
चुपके से उसने कहा–
 "प्यार कर या परेशान हो;
 प्यार कर या मर जा;
 प्यार कर और आगे बढ़;
 प्यार कर और कुछ बन।

संकोच की दुनिया ने तेरे हृदय को डराया है।
सावधानी की दुनिया ने तेरे मन को भ्रमित कर दिया है।
आकर्षण की दुनिया ने तेरी प्राण शक्ति को ग्रस्त कर लिया है।
निराशा की दुनिया ने तेरी देह को तोड़ दिया है।

हिन्दी रूपान्तर : डॉ. पी. जयरामन

YOU MUST TEACH

Only one body,
You must teach it.

Only one vital,
You must guide it.

Only one mind,
You must perfect it.

Only one heart,
You must use it.

Only one soul,
You must treasure it.

Only one Goal,
You must become it.

Selections from The Dance of Life, page 39

सिखा दो तुम

एक ही शरीर है,
इसे सिखा दो।

एक ही प्राण शक्ति है,
इसे मार्ग दिखा दो।

एक ही मन है,
इसका परिष्कार करो।

एक ही हृदय है,
इसे इस्तेमाल करो।

एक ही आत्मा है,
इसकी रक्षा करो।

एक ही लक्ष्य है,
यही तुम बन जाओ।

हिन्दी रूपान्तर : डॉ. पी. जयरामन

TWO KILLERS

Lord, when You kill me
    With Your Love supreme,
I kill You with my undying ingratitude.

Lord, when You kill me
    With Your Power supreme,
I kill You with my hopeless helplessness.

Lord, when You kill me
    With Your Indifference supreme,
I kill You with my bleeding insecurity.

Selections from The Dance of Life, page 42

दो हत्यारे

या खुदा, जब तू मेरी हत्या करता है
अपने अपार प्यार के साथ
मैं तेरी हत्या करता हूँ
अपनी कभी न खत्म होने वाली नमकहरामी के साथ।

या खुदा, जब तू मेरी हत्या करता है
अपनी अपरिमित शक्ति के साथ
मैं तेरी हत्या करता हूँ
अपनी निरर्थक विवशता के साथ।

या खुदा, जब तू मेरी हत्या करता है
अपनी उदासीनता के साथ
मैं तेरी हत्या करता हूँ
अपनी मर्मांतक व्यथा के साथ।

हिन्दी रूपान्तर : डॉ. पी. जयरामन

WHEN PANGS FLASHED

When pangs flashed
Across your heart,
You criticised God.

When pangs flashed
Across your mind,
You blamed God.

When pangs flashed
Across your vital,
You cursed God.

When pangs flashed
Across your body,
You deserted God.

Selections from The Dance of Life, page 56

जब दर्द गुज़रा

जब दर्द तेरे हृदय से गुज़रा
तूने भगवान की निन्दा की।

जब दर्द तेरे दिमाग से गुज़रा
तूने भगवान की शिकायत की।

जब दर्द तेरे प्राणों से गुज़रा
तूने भगवान को दोष दिया।

जब दर्द तेरे शरीर से गुज़रा
तूने भगवान को छोड़ दिया।

हिन्दी रूपान्तर : डॉ. पी. जयरामन

TO BECOME THE VOICE

To become the voice of humanity,
He touched the Feet of God.

To become the voice of divinity,
He breathed the Heart of God.

To become the Voice of God,
He dined with the Soul of God.

Selections from The Dance of Life, page 58

आवाज़ बनने के लिए

मानवता की आवाज़ बनने के लिए
उसने भगवान का चरण स्पर्श किया।

दैवी तत्त्व की आवाज़ बनने के लिए
उसने भगवान के हृदय से साँस ली।

भगवान की आवाज़ बनने के लिए
वह भगवान की आत्मा के साथ जुड़ा रहा।

हिन्दी रूपान्तर : डॉ. पी. जयरामन

A DROP OF TEARS

A drop of my tears
Is enough to make my Lord
Embrace my ageless
    Inner poverty.

A drop of my Lord's Tears
Is enough to transform my life of ignorance-dream
Into Reality's
    Divinity-Love.

Selections from The Dance of Life, page 59

आँसुओं की एक बूँद

मेरे आँसुओं की एक बूँद
काफ़ी है कि मेरा खुदा
मेरी सनातन भीतरी गरीबी को
अपना बना ले।

मेरे खुदा के आँसुओं की एक बूँद
काफ़ी है कि
वह मेरे अज्ञान-स्वप्न-जीवन को
सत्य के दैवी प्यार में
बदल दे।

हिन्दी रूपान्तर : डॉ. पी. जयरामन

I CAME TO HIM

I came to him doubtful.
He smiled and said:
"Stay with me for three minutes."

I came to him uncertain.
He caressed the sleeping eye
Between my eyebrows and said:
"Stay with me for three years."

I came to him with a student's eagerness.
He blessed my devoted head and said:
"Stay with me for thirty years."

I came to him with the heart of a child.
He embraced my surrendered life and said:
"Stay with me for Eternity."

Selections from The Dance of Life, page 71

मैं उसके पास आया

मैं उसके पास आया सन्देह के साथ;
वह मुस्कुराया और कहा,
''मेरे साथ तीन मिनट के लिए रुको।''

मैं उसके पास आया अनिश्चय के साथ;
उसने मेरी भौंहों के बीच
सोती आँखों को सहेजा और कहा,
''मेरे साथ तीन वर्षों के लिए रुको।''

मैं उसके पास आया एक शिष्य की आतुरता के साथ;
उसने मेरे झुके सिर पर
आशीर्वाद की मुद्रा रखी और कहा,
''मेरे साथ तीस वर्षों के लिए रुको।''

मैं उसके पास आया शिशु-हृदय के साथ;
उसने मेरे समर्पित जीवन को
गले लगाया और कहा,
''मेरे साथ अनन्त काल तक रुको।''

हिन्दी रूपान्तर : डॉ. पी. जयरामन

I AM OF GOD
AND
I AM FOR GOD

Helpless is time
When I sleep.

Useless is time
When I doubt.

Hopeless is time
When I despair.

Godless is time
When I halt.

Measureless is time
When I move.

Birthless is time
When I am of God.

Deathless is time
When I am for God.

Selections from The Dance of Life, page 77

मैं खुदा का हूँ
और खुदा के लिए हूँ

समय असहाय है
जब मैं सोता हूँ।

समय बेकार है
जब मैं शक करता हूँ।

समय निराश है
जब मैं थकित हूँ।

समय निर्दैव है
जब मैं रुकता हूँ।

समय मापहीन है
जब मैं बढ़ता हूँ।

समय अजन्मा है
जब मैं खुदा का हूँ।

समय मृत्युहीन है
जब मैं खुदा के लिए हूँ।

हिन्दी रूपान्तर : डॉ. पी. जयरामन

WHO MAKES MY DECISIONS?

Who makes my decisions?

In the morning
  God makes my decisions.
  Therefore I sing and dance.

In the afternoon
  I make my decisions.
  Therefore I try and cry.

In the evening
  Satan makes my decisions.
  Therefore I sigh and die.

Selections from The Dance of Life, page 79

कौन मेरा निर्णय करता है?

कौन मेरा निर्णय करता है?

सवेरे के वक्त पर
खुदा मेरा निर्णय करता है;
इसलिए मैं गाता और नाचता हूँ।

दोपहर के वक्त पर
मैं अपना निर्णय करता हूँ;
इसलिए मैं मेहनत करता हूँ और रोता हूँ।

शाम के वक्त पर
शैतान मेरा निर्णय करता है;
इसलिए मैं आह भरता हूँ और मरता हूँ।

हिन्दी रूपान्तर : डॉ. पी. जयरामन

O YOGI

O Yogi, when shall I love and seek God?
"You can love and seek God
Only after He has loved
And
Sought you as His own,
His very own."

O Yogi, when will it be?
"The day you feel
Your soul-seed is of God
And
Your life-fruit is for God."

Selections from The Dance of Life, page 85

हे योगी!

हे योगी!
कब मैं खुदा से प्यार करूँ और उसे पाऊँ?
''तू खुदा से तभी प्यार कर सकता है
और उसे पा सकता है
जब वह तुझसे प्यार करता है
और
तुझे अपना बना लेता है।''

हे योगी! यह कब होगा?
''यह तब होगा जब तू मानेगा कि
तेरी आत्मा का बीज खुदा का है
और
तेरे जीवन का फल खुदा के लिए है।''

हिन्दी रूपान्तर : डॉ. पी. जयरामन

TRANSFORMATION

"Everyone thinks of changing the world,
But no one thinks of changing himself."
– *Tolstoy*

I tried to change myself;
I badly failed.

I tried to change the world;
To my wide surprise,
The world had achieved
Its perfection-light long before
I made my surrendered attempt.

I failed to change my life
Because
I mixed too much
With my master, ego,
With my disciple, doubt.

Selections from The Dance of Life, page 92

रूपान्तर

' 'हर कोई दुनिया को बदलने की सोचता है;
पर कोई अपने आपको बदलने की नहीं सोचता।''

–टॉलस्टॉय

मैंने अपने को बदलने की कोशिश की;
बुरी तरह से विफल हुआ।
मैंने दुनिया को बदलने की कोशिश की;
पर ताज्जुब हुआ यह देखकर कि
मैं कोशिश करूँ; इससे बहुत पहले ही
दुनिया ने परिपूर्णता का प्रकाश पा लिया था।

मैं अपना जीवन बदलने में हार गया;
क्योंकि
मैं अपने गुरु–अहं
अपने शिष्य–शक
के साथ बहुत जुड़ा हुआ था।

हिन्दी रूपान्तर : डॉ. पी. जयरामन

MY FAMILY IN ACTION

My heart practises
The Truth,
My mind preaches
The Truth.

My heart achieves
The Truth,
My vital distributes
The Truth.

My heart treasures
The Truth,
My body discards
The Truth.

My heart becomes
The Truth,
My soul is
The Truth.

Selections from The Dance of Life, page 93

मेरा परिवार है कार्यरत

मेरा हृदय
सत्य पर अमल करता है;
मेरा मन
सत्य की शिक्षा देता है।

मेरा हृदय
सत्य को पाता है;
मेरी शक्ति
सत्य को बाँटती है।

मेरा हृदय
सत्य को सँजोता है;
मेरा शरीर
सत्य को नकारता है।

मेरा हृदय
सत्य बनता है;
मेरी आत्मा
स्वयं सत्य है।

हिन्दी रूपान्तर : डॉ. पी. जयरामन

NOBODY KNOWS WHERE IT IS

My soul spreads happiness
    When it enters into my heart.
My vital spreads happiness
    When it leaves my heart.

Happiness:
    Everybody knows what it is,
        But
    Nobody knows where it is.
Ah, I see the face of happiness
    In my sleepless heart,
    In my deathless soul,
    In my horizonless Goal.

Selections from The Dance of Life, page 100

कोई नहीं जानता कि वह कहाँ है

मेरी आत्मा खुशी फैलाती है
जब वह मेरे हृदय में प्रवेश करती है।
मेरी शक्ति खुशी फैलाती है
जब वह मेरे हृदय से निकल जाती है।

खुशी—
हर कोई जानता है कि वह क्या है;
पर
कोई नहीं जानता कि वह कहाँ है।

मैं खुशी का रूप देखता हूँ
अपने निद्राहीन हृदय में,
अपनी मृत्युहीन आत्मा में,
अपने क्षितिजहीन लक्ष्य में।

हिन्दी रूपान्तर : डॉ. पी. जयरामन

HIDDEN TREASURES

Love is hidden
Even from those who express it.

Joy is hidden
Even from those who feel it.

Truth is hidden
Even from those who know it.

But
God is not hidden
Even from those
Who want Him not,
Who need Him not.

Selections from The Dance of Life, page 102

छिपे खज़ाने

प्यार छिपा है
उनसे भी जो उसे बताते हैं,
खुशी छिपी है
उनसे भी जो उसे महसूस करते हैं।
सत्य छिपा है
उनसे भी जो उसे जानते हैं।
पर
खुदा नहीं छिपा है
उनसे भी
जो उसे नहीं चाहते;
जिन्हें उसकी ज़रूरत नहीं रहती।

हिन्दी रूपान्तर : डॉ. पी. जयरामन

HERE IS THE PLACE

Is your goal to love?
    Then here is the place.

Is your goal to love God in His own way?
    Then here is the place.

Is your goal to become another God?
    Then here is the place.

Is your goal to transcend the previous God?
    Then here is the place.

Is your goal to transcend the present God?
    Then here is the place.

Is your goal, your only goal,
To become the future God?
    Then here is the place.
    Here is the place:
    Earth, Mother-Earth.

Selections from The Dance of Life, page 105

यही जगह है

क्या तेरा लक्ष्य प्यार करना है?
उसके लिए यही जगह है।

क्या तेरा लक्ष्य खुदा को
उसके अपने ढंग से प्यार करना है?
उसके लिए यही जगह है।

क्या तेरा लक्ष्य दूसरा खुदा बनना है?
उसके लिए यही जगह है।

क्या तेरा लक्ष्य पिछले खुदा को पार करना है?
उसके लिए यही जगह है।

क्या तेरा लक्ष्य वर्तमान खुदा को पार करना है?
उसके लिए यही जगह है।

क्या तेरा लक्ष्य—एकमात्र लक्ष्य
भावी खुदा बनना है?
उसके लिए यही जगह है;
यही जगह है—
धरती, माँ धरती।

हिन्दी रूपान्तर : डॉ. पी. जयरामन

STRIVE

Strive blindly,
And achieve nothing.

Strive carefully,
And achieve something.

Strive soulfully,
And achieve everything.

Strive unconditionally,
And, lo, you have won
    Everything,
Including God.

Selections from The Dance of Life, page 113

कोशिश कर

सोचे बिना कोशिश कर;
कुछ नहीं मिलेगा।

सावधानी से कोशिश कर;
कुछ मिलेगा।

गहराई से कोशिश कर;
सब कुछ मिलेगा।

बिना शर्त के कोशिश कर;
तुमने सब कुछ—
खुदा को भी पा लिया।

हिन्दी रूपान्तर : डॉ. पी. जयरामन

HE CHALLENGED GOD

During his entire life
He challenged God
Not once, but thrice.

In the morning of his life
He challenged God's Power,
Only to be liberated.

In the afternoon of his life
He challenged God's Forgiveness,
Only to be forgiven.

In the evening of his life
He challenged God's Immortality,
Only to be embraced.

Selections from The Dance of Life, page 115

उसने खुदा को चुनौती दी

उसने खुदा को चुनौती दी
जीवनभर
एक बार नहीं, तीन बार।

जीवन के प्रभात में
उसने खुदा की शक्ति को चुनौती दी;
मुक्त हो गया।

जीवन के मध्याह्न में
उसने खुदा की क्षमाशीलता को चुनौती दी;
क्षमा पा ली।

जीवन की सन्ध्या में
उसने खुदा के अमरत्व को चुनौती दी;
खुदा ने उसे गले लगा लिया।

हिन्दी रूपान्तर : डॉ. पी. जयरामन

GOD ENTERS

God's Compassion enters;
The animal in me departs.

God's Illumination enters;
The human in me departs.

God's Perfection enters;
The finite in me departs.

Finally God enters
And I quickly bolt the door
So that He can never depart.

Selections from The Dance of Life, page 123

खुदा प्रवेश करता है

खुदा की अनुकम्पा प्रवेश करती है;
मेरा पशुत्व हट जाता है।

खुदा का प्रकाश प्रवेश करता है;
मेरा मानव चला जाता है।

खुदा की पूर्णता प्रवेश करती है;
मेरी नश्वरता खत्म हो जाती है।

अन्त में खुदा प्रवेश करता है;
मैं जल्दी से दरवाज़ा बन्द कर देता हूँ
ताकि वह कभी बाहर न चला जाए।

हिन्दी रूपान्तर : डॉ. पी. जयरामन

EARLY AND LATE

I went to see God
    An hour early.
He welcomed me
        And
Shook hands with me.

I went to see God
    Two hours early.
He welcomed me
        And
Embraced me.

I went to see God
    Three hours early.
He welcomed me
        And
Made me sit on His
    Transcendental Throne.

I went to see God
    A minute late.
He thoughtfully hesitated
    To welcome me.

I went to see God
    Two minutes late.
He simply ignored my arrival.

I went to see God
    Three minutes late.
He refused to open the door.

Selections from The Dance of Life, page 126

जल्दी और देर से

मैं भगवान को देखने गया
एक घंटा पहले।
उसने मेरा स्वागत किया
और हाथ मिलाया।

मैं भगवान को देखने गया
दो घंटे पहले।
उसने मेरा स्वागत किया
और गले लगाया।

मैं भगवान को देखने गया
तीन घंटे पहले।
उसने मेरा स्वागत किया
और मुझे
अपने सनातन सिंहासन पर बिठाया।

मैं भगवान को देखने गया
एक मिनट देर से।
उसने मेरा स्वागत करने में
संकोच किया।

मैं भगवान को देखने गया
दो मिनट देर से।
उसने मेरे आगमन पर
ध्यान ही नहीं दिया।

मैं भगवान को देखने गया
तीन मिनट देर से।
उसने दरवाज़ा खोलने से
मना कर दिया।

हिन्दी रूपान्तर : डॉ. पी. जयरामन

NO SUCH THING

I took a closer look.
There is no such thing as ignorance.
Ignorance is nothing
But my limited knowledge.

I took a closer look.
There is no such thing as defeat.
Defeat is nothing
But the inspirer
    Of my increasing will.

I took a closer look.
There is no such thing as death.
Death is nothing
But my strengthening
        And
Dreaming rest.

Selections from The Dance of Life, page 140

ऐसा कुछ नहीं

मैंने ध्यान से देखा,
'अज्ञान' है नहीं कुछ भी।
अज्ञान मेरे सीमित ज्ञान के सिवा
कुछ भी नहीं।

मैंने ध्यान से देखा,
'पराजय' है नहीं कुछ भी।
पराजय मेरी बढ़ती इच्छा की प्रेरक के सिवा
कुछ भी नहीं।

मैंने ध्यान से देखा,
'मृत्यु' है नहीं कुछ भी।
मृत्यु मुझे सशक्त करने वाले स्वप्निल आराम के सिवा
कुछ भी नहीं।

हिन्दी रूपान्तर : डॉ. पी. जयरामन

THREE FRAGILE THINGS

Only three things
Are fragile
On earth:

Human love,
Human appreciation,
Human success.

Knowing this,
He handles them
With utmost care.

Selections from The Dance of Life, page 141

तीन महीन चीज़ें

धरती पर
केवल तीन चीजें
महीन हैं—

इनसानी प्यार
इनसान की सराहना
इनसान की सफलता—

इसे जानकर वह उन्हें
सावधानी से
सँभालता है।

हिन्दी रूपान्तर : डॉ. पी. जयरामन

THE HOUR CAME

The hour came.
I was not ready.

God descended,
    Smiled
And
    Departed.

The hour came again.
I was not ready.

God ascended,
    Pushed
And
    Barked.

The hour came not.
I was ready.

God slept.
    I cried.
Ignorance sang.
    Satan danced.

Selections from The Dance of Life, page 145

समय आया

समय आया; मैं तैयार नहीं था।
खुदा उतर आया
मुस्कराया और चला गया।

समय फिर आया; मैं तैयार नहीं था।
खुद ऊपर चढ़ा
धकेला और आवाज़ दी।

समय नहीं आया; मैं तैयार था।
खुदा सो गया
मैं रोने लगा
अज्ञान गाने लगा
शैतान नाचने लगा।

हिन्दी रूपान्तर : डॉ. पी. जयरामन

IN ME

God saw in me
　A poet.
　Therefore
I loved nature's beauty.

God sees in me
　A real man.
　Therefore
I fulfil life's duty.

God shall see in me
　A divine lover.
　Therefore
I shall become Truth's immortality.

Selections from The Dance of Life, page 148

मुझमें...

खुदा ने एक कवि को
मुझमें देखा;
इसलिए
मैंने प्रकृति की खूबसूरती से प्यार किया।

खुदा एक सच्चे इनसान को
मुझमें देखता है;
इसलिए
मैं जीवन का धर्म निभाता हूँ।

खुदा एक दिव्य आशिक को
मुझमें देखेगा;
इसलिए
मैं अमर सत्य बनूँगा।

हिन्दी रूपान्तर : डॉ. पी. जयरामन

TEARS

I like the tears
That flow from the depth
Of my helpless despair.

I love the tears
That flow from the depth
Of my dawning aspiration.

I adore the tears
That flow from the depth
Of my liberation-sea.

Selections from The Dance of Life, page 151

आँसू

मुझे आँसू पसन्द हैं
जो मेरी असहाय वेदना की गहराई से
बह उठते हैं।

मैं आँसुओं को प्यार करता हूँ
जो मेरी उभरती आकांक्षा की गहराई से
चल पड़ते हैं।

मैं आँसुओं की पूजा करता हूँ
जो मेरे मुक्ति-सागर की गहराई से
निकल चलते हैं।

हिन्दी रूपान्तर : डॉ. पी. जयरामन

SILENCE, POWER AND LIGHT

Silence is bliss,
And I have it
    In boundless measure.

Power is creation,
And I have it
    In measureless measure.

Light is perfection,
And I have it
    In endless measure.

Selections from The Dance of Life, page 152

मौन, शक्ति और प्रकाश

मौन आनन्द है
वह है मेरे पास अपार।

शक्ति निर्माण है
वह है मेरे पास अपरिमित।

प्रकाश पूर्णता है
वह है मेरे पास अनन्त।

हिन्दी रूपान्तर : डॉ. पी. जयरामन

THE SAMADHIS

What is *savikalpa* samadhi?
Savikalpa samadhi is the experience
Of purity-sea and integrity-sky.

What is *nirvikalpa* samadhi?
Nirvikalpa samadhi is the experience
Of loftiest self-transcendence.

What is *sahaja* samadhi?
Sahaja samadhi is reality's message simplified:
Ignorance lost forever and Immortality won.

In the Cosmic Game
    You discover
That you eternally and supremely are
        What all along,
    From time immemorial,
You have been helplessly and desperately
    Aspiring to become.

Selections from The Dance of Life, page 153

समाधि

सविकल्प समाधि क्या है?
सविकल्प समाधि है
विशुद्धता और निष्ठा का अनुभव।

निर्विकल्प समाधि क्या है?
निर्विकल्प समाधि है
सर्वोत्तम आत्म-अतिक्रमण का अनुभव।

सहज समाधि क्या है?
सहज समाधि है
सरल सत्य
खोया हुआ अज्ञान
और
जीती गयी अमरता।

सार्वभौम लीला में
तुम समझ जाओ
कि अनादि काल से
असहाय होकर, लाचार होकर
जो तुम बनने की आकांक्षा करते रहे हो
वही तुम हो, वही तुम हो
हमेशा, हमेशा के लिए।

हिन्दी रूपान्तर : डॉ. पी. जयरामन

WHEN I WALK DOWN THE YEARS

When I walk down the years
With fear,
Death embraces me.

When I walk down the years
With courage,
Life embraces me.

When I walk down the years
With surrender divine,
Light blesses me.

When I walk down the years
With perfection supreme,
God utilises me,
God treasures me,
God immortalises me.

Selections from The Dance of Life, page 161

जब मैं जीवन में चलता हूँ

जब मैं भयभीत होकर
जीवन में चलता हूँ,
मृत्यु मुझे गले लगाती है।

जब मैं धैर्य के साथ
जीवन में बढ़ता हूँ,
ज़िन्दगी मुझे गले लगाती है।

जब मैं समर्पित होकर
जीवन में चलता हूँ,
ज्योति आशीष देती है।

जब मैं पूर्णता के साथ
जीवन में बढ़ता हूँ,
खुदा मेरा इस्तेमाल करता है;
खुदा मुझे अपना बनाता है;
खुदा मुझे अमर बनाता है।

हिन्दी रूपान्तर : डॉ. पी. जयरामन

I DO NOT KNOW

I do not know
How to run
Alone.
Therefore my friend, faith,
Accompanies me.

I do not know
How to dive
Alone.
Therefore my friend, courage,
Accompanies me.

I do not know
How to fly
Alone.
Therefore my friend, aspiration,
Accompanies me.

I do not know
How to go to God
Alone.
Therefore my friend, surrender,
Accompanies me.

Selections from The Dance of Life, page 163

मैं नहीं जानता

मैं नहीं जानता
अकेले कैसे दौड़ूँ;
इसलिए मेरा मित्र—विश्वास
मेरा साथ देता है।

मैं नहीं जानता,
अकेले कैसे डूबूँ;
इसलिए मेरा मित्र—साहस
मेरा साथ देता है।

मैं नहीं जानता,
अकेले कैसे उड़ूँ;
इसलिए मेरी मित्र—आकांक्षा
मेरा साथ देती है।

मैं नहीं जानता,
अकेले भगवान के पास कैसे जाऊँ;
इसलिए मेरा मित्र—समर्पण
मेरा साथ देता है।

हिन्दी रूपान्तर : डॉ. पी. जयरामन

ATTACHMENT

O seeker,
    You want to know
        What attachment is.
Attachment is when
    You love one
And do not love all.

Attachment is when
    You feel
That God has appointed only you
    To fulfil His Vision,
And not others.

Attachment is when
    You think
Of the creation first
        And
Not the Creator.

Attachment is when
    The spirit of bargain
        Haunts you
            Powerfully
                And
            Triumphantly.

Selections from The Dance of Life, page 168

लगाव

हे खोजी,
तू जानना चाहता है कि
लगाव क्या होता है।
लगाव है वह जब
तू एक से प्यार करता है;
सबसे नहीं।

लगाव है वह जब
तू समझता है कि
खुदा ने अपना लक्ष्य पूरा करने के लिए
तुम्हीं को चुना है, न कि दूसरों को।

लगाव है वह जब
तू पहले सोचता है
सृष्टि के बारे में, न कि स्रष्टा के बारे में।

लगाव है वह जब
मोलतोल की चेतना
तुझपर हावी होती है
पूरे जोश के साथ
विजय-आवेश के साथ।

हिन्दी रूपान्तर : डॉ. पी. जयरामन

TELL ME WHAT YOU ARE

Tell me what you are.
I will tell you something
Most special about yourself.

"I am a doctor."
Ah, you are a doctor!
That means you are
The restorer of life
And
Feeder of death.

Tell me what you are.
I will tell you something
Most special about yourself.

"I am a scientist."
Ah, you are a scientist!
That means you are
The searcher of life
And
Runner after death.

Tell me what you are.
I will tell you something
Most special about yourself.

"I am a seeker."
Ah, you are a seeker!
That means you are
The lover of life
And
The destroyer of death.

Selections from The Dance of Life, page 172

बोलो, तुम क्या हो

बोलो, तुम क्या हो,
मैं तुम्हारे बारे में कुछ खास बताऊँगा।
"मैं डाक्टर हूँ।"
अच्छा, तुम डाक्टर हो!
मतलब कि तुम हो
जीवन-रक्षक और मृत्यु-दाता।

बोलो, तुम क्या हो,
मैं तुम्हारे बारे में कुछ खास बताऊँगा।
"मैं वैज्ञानिक हूँ।"
अच्छा, तुम वैज्ञानिक हो!
मतलब कि तुम हो
जीवन में शोधी और
मृत्यु के पीछे दौड़नेवाले।

बोलो, तुम क्या हो,
मैं तुम्हारे बारे में कुछ खास बताऊँगा।
"मैं एक खोजी हूँ।"
अच्छा, तुम खोजी हो!
मतलब कि तुम हो
जीवन के आशिक
और
मृत्यु के नाशक।

हिन्दी रूपान्तर : डॉ. पी. जयरामन

THE DIFFERENCE

The difference
    Between
Liking and loving
Is the difference
    Between
The tiny drop and the mighty ocean.

The difference
    Between
Loving and surrendering
Is the difference
    Between
A tiny hill and the Himalayas.

Selections from The Dance of Life, page 178

अन्तर

चाह और प्यार के बीच का
अन्तर क्या है?
वही है जो छोटी बूँद और
अपार सागर के बीच है।

प्यार और समर्पण के बीच का
अन्तर क्या है?
वही है जो छोटी पहाड़ी और
हिमालय के बीच है।

हिन्दी रूपान्तर : डॉ. पी. जयरामन

THE WINNER AND THE LOSER

He is the great winner
Who wins.

He is the greater winner
Who is the cheerful loser.

He is the greatest winner
Who gives equal value
To victory and defeat.

He alone is the real loser
Who separates
Defeat from victory.

Selections from The Dance of Life, page 194

विजयी और पराजयी

वह बड़ा विजयी है।
जो जीतता है।

वह और बड़ा विजयी है
जो हारता है प्रसन्न मुद्रा में।

वह सबसे बड़ा विजयी है
जो जय और पराजय को
समान समझता है।

वही सच्चा पराजयी है
जो पराजय को जय से
अलग करता है।

हिन्दी रूपान्तर : डॉ. पी. जयरामन

HEART AND SOUL, TRUTH AND PEACE

Heart offers its love.
    It cannot be bought.

Soul offers its joy.
    It cannot be caught.

Truth reveals itself.
    It cannot be demanded.

Peace spreads itself.
    It cannot be commanded.

Selections from The Dance of Life, page 195

हृदय और आत्मा
सत्य और शान्ति

हृदय अपना प्यार देता है,
उसे खरीदा नहीं जा सकता,

आत्मा अपनी खुशी देती है,
उसे पकड़ा नहीं जा सकता।

सत्य स्वयं प्रकट होता है,
उसकी माँग नहीं की जा सकती।

शान्ति स्वयं फैलती है,
उसे आदेश नहीं दिया जा सकता।

हिन्दी रूपान्तर : डॉ. पी. जयरामन

MY LORD, FORGIVE ME

My Lord,
Forgive me,
Forgive my body.

My Lord,
Control me,
Control my vital.

My Lord,
Warn me,
Warn my mind.

My Lord,
Illumine me,
Illumine my heart.

My Lord,
Fulfil me,
Fulfil my soul.

Selections from The Dance of Life, page 203

मेरे मालिक, मुझे माफ़ कर दो

मेरे मालिक,
मुझे माफ़ कर दो;
मेरे शरीर को क्षमा कर दो।

मेरे मालिक,
मुझे काबू में रखो;
मेरी शक्ति को नियंत्रित करो।

मेरे मालिक,
मुझे चेतावनी दो;
मेरे मन को सावधान करो।

मेरे मालिक,
मुझे प्रकाश दो;
मेरे हृदय को ज्वलित कर दो।

मेरे मालिक,
मुझे पूर्ण करो;
मेरी आत्मा को सम्पूर्ण बनाओ।

हिन्दी रूपान्तर : डॉ. पी. जयरामन

WHY ARE YOU SENSITIVE?

You are sensitive to noise
Because
You have not invented
The atom bomb
And
The hydrogen bomb.

You are sensitive to noise
Because
The outer world's vast achievement
Is determined
Not
To touch your feet.

You are sensitive to noise
Because
God the Player divine,
God the Singer eternal,
God the Dancer immortal,
Has not claimed you in Heaven
As His partner on earth.

The Dance of Life, Part III, page 2

तुम क्यों संवेदनशील हो?

तुम आवाज़ के प्रति संवेदनशील हो
क्योंकि
तुमने अणु बम और
हाइड्रोजन बम का
आविष्कार नहीं किया है।

तुम आवाज़ के प्रति संवेदनशील हो
क्योंकि
बाह्य संसार की विशाल उपलब्धि
यह तय कर चुकी है कि
वह तुम्हारा पद स्पर्श नहीं करेगी।

तुम आवाज़ के प्रति संवेदनशील हो
क्योंकि
भगवान–दैवी खिलाड़ी
भगवान–शाश्वत गायक
भगवान–अमर नर्तक ने
धरती पर अपने साझेदार के रूप में
स्वर्ग में तुम्हें स्वीकार नहीं किया है।

हिन्दी रूपान्तर : डॉ. पी. जयरामन

ABOVE AND BEYOND

Above the ignorance of birth and death he is.
Above destruction-night he is.
Beyond the world of suspicion
His life of integrity is.
Beyond question his miracle-faith is.
Above all earth-awards he is.
Beyond the universal insecurity he is.
He embodies Eternity's Cry.
He reveals Infinity's Smile.
He manifests Immortality's Life.
Earth loves his heart of dedication.
Heaven adores his feet of protection.

The Dance of Life, Part III, page 3

ऊपर और आगे

वह जन्म और मृत्यु के अज्ञान के ऊपर है;
वह विनाश-रात्रि से परे है;
उसका श्रद्धामय जीवन
सन्देह की दुनिया से दूर है।
चमत्कार पर उसका विश्वास प्रश्नातीत है;

वह धरती के पुरस्कारों से दूर है;
वह स्वर्ग के प्रतिफलों से भी दूर है;
वह विश्व की अशान्ति से आगे है।
वह शाश्वतता की पुकार का प्रतिबिम्ब है;
वह अमरत्व की मुस्कान का प्रतिफलन है;
वह अमर जीवन का प्रतिरूप है;
धरती प्यार करती है उसके समर्पणमय हृदय से;
स्वर्ग पूजता है उसके संरक्षण के पादों को।

हिन्दी रूपान्तर : डॉ. पी. जयरामन

DEPENDENT AND INDEPENDENT

My outer poverty follows
    In the train of luxury.
My inner poverty follows
    In the train of desire.

I know two things:
    My helpless hope is dependent on all.
    My ageless faith is independent of all.

The Dance of Life, Part III, page 4

निर्भर और स्वतन्त्र

मैं बाहर से निर्धन हूँ
इसलिए ऐयाशी के पीछे दौड़ता हूँ।
मैं अन्दर से गरीब हूँ
इसलिए इच्छाओं का अनुसरण करता हूँ।

मैं दो चीज़ें जानता हूँ–
मेरी असहाय आशायें सबपर निर्भर हैं।
मेरी चिरन्तन श्रद्धा सबसे स्वतन्त्र है।

हिन्दी रूपान्तर : डॉ. पी. जयरामन

COMPLETE TRANSFORMATION-CHANGE

There is only one serious danger,
And that danger is doubt.
My Inner Pilot warned me of that danger.

There is only one serious temptation,
And that temptation is supremacy.
My Inner Pilot warned me against this temptation.

There is only one dark death,
And that death is fear.
There is only one true life,
And that life is love:
Love of the soul for the body's
Complete transformation-change.

The Dance of Life, Part III, page 5

सम्पूर्ण रूपान्तर-परिवर्तन

सिर्फ़ एक ही भयावह खतरा है
वह खतरा है, सन्देह
मेरे भीतर के चालक ने
उस खतरे से मुझे आगाह किया था।

सिर्फ़ एक ही गम्भीर आकर्षण है
वह आकर्षण है, महानता
मेरे आन्तरिक चालक ने
उस आकर्षण से मुझे आगाह किया था।

सिर्फ़ एक ही तामसी मृत्यु है
वह मृत्यु है भय।

सिर्फ़ एक ही सच्चा जीवन है
वह जीवन है प्यार।

वह है शरीर के सम्पूर्ण रूपान्तर–
परिवर्तन के लिए
आत्मा का प्यार।

हिन्दी रूपान्तर : डॉ. पी. जयरामन

THE ACHIEVEMENT OF NON-POSSESSION

When he was a man of non-possession,
He became the marvelous blend
Of love and action.
His religion was not noisy,
His philosophy was not showy.
He advanced and achieved,
He achieved and advanced.
He knew that he was a descendant of God.
He knew that he was on
A footing of equality with God.
Heaven gave him Heaven's possession:
        Delight.
Earth gave him earth's possession:
        Perfection.

The Dance of Life, Part III, page 6

अपरिग्रह की सफलता

जब वह अपरिग्रही था
वह बना प्यार और कर्म का
उत्तम समन्वय।

उसका धर्म शोरोगुल का नहीं था
उसका दर्शन दिखावे का नहीं था

वह आगे बढ़ा और पाया;
उसने पाया;
फिर आगे बढ़ा;
उसने जाना कि वह भगवान का वंशज है।

उसने जाना कि वह भगवान के साथ
समानता के आधार पर
जुड़ा हुआ है।

स्वर्ग ने उसे दिया अपना सर्वस्व—
आनन्द
धरती ने उसे दी अपनी सम्पत्ति—
सम्पूर्णता।

हिन्दी रूपान्तर : डॉ. पी. जयरामन

HE IS A DESCENDANT OF GOD

He is a descendant of Satan;
Therefore he is ignorant of love-light.
He is a descendant of man;
Therefore he is ignorant of gratitude-might.
He is a descendant of God;
Therefore he is ignorant of ignorance-night.

The Dance of Life, Part III, page 9

वह ईश्वर का वंशज है

वह शैतान का वंशज है
इसलिए वह स्नेह-लौ से अपरिचित है।

वह मानव का वंशज है
इसलिए वह कृतज्ञता की ताकत से अपरिचित है।

वह ईश्वर का वंशज है
इसलिए वह अज्ञान के अन्धकार से अपरिचित है।

हिन्दी रूपान्तर : डॉ. पी. जयरामन

MY INNER PILOT DISCOURAGES ME

In the morning
    My Inner Pilot
Discourages me from bitter complaining.

In the afternoon
    My Inner Pilot
Discourages me from constant competing.

In the evening
    My Inner Pilot
Discourages me from useless brooding.

At night
    My Inner Pilot
Discourages me from fruitless dreaming.

The Dance of Life, Part III, page 10

मेरा भीतरी चालक मुझे रोकता है

जीवन के प्रातःकाल में
मेरा भीतरी चालक
मुझे शिकायत करने से रोकता है।

जीवन की दोपहर को
मेरा भीतरी चालक
मुझे निरन्तर स्पर्धा करने से मना करता है।

जीवन की सन्ध्या में
मेरा भीतरी चालक
मुझे बेकार चिन्ता करने से रोकता है।

जीवन की रात में
मेरा भीतरी चालक
मुझे निरर्थक स्वप्न-संचार करने से
मना करता है।

हिन्दी रूपान्तर : डॉ. पी. जयरामन

I HAVE DONE

O Lord, You are requesting me
To offer You an iota of love.
Hard is it to accede to Your request,
    But I shall try.

O Lord, You want me
To give You my pleasure-life
And take from You Your Joy-Life in return.
Hard is it to consent to Your terms,
    But I shall try.

O Lord, You propose that
I represent You on earth.
Easy, mighty easy, to consent
To Your liberal proposal.
    And I am doing it.
    Lo, I have done it!

The Dance of Life, Part III, page 12

मैंने कर दिया है

हे भगवान! तेरा अनुरोध है कि
मैं तुझे थोड़ा-सा प्यार दूँ—
तेरा अनुरोध स्वीकारना मुश्किल है
पर मैं कोशिश करूँगा।

हे भगवान! तू चाहता है कि
मैं तुझे अपना भौतिक सुख दे दूँ
और बदले में पाऊँ तेरा आनन्द।
तेरी शर्तें मानना मुश्किल है
पर मैं कोशिश करूँगा।

हे भगवान! तेरा प्रस्ताव है कि
मैं धरती पर तेरा प्रतिनिधि बनूँ।
तेरा यह उदार प्रस्ताव मानना
आसान है; बहुत ही आसान है।
मैं वही कर रहा हूँ—
हाँ, मैंने वह कर दिया है।

हिन्दी रूपान्तर : डॉ. पी. जयरामन

I LOOK

I look within and see
    My Lord's Nectar-Delight.
I look without and see
    The face of destruction-night.
I look forward and see
    The golden dance of life.
I look backward and see
    The smile of a naked knife.

The Dance of Life, Part III, page 15

मैं देखता हूँ

मैं भीतर झाँकता हूँ और वहाँ देखता हूँ
अपने देवता का अमृतमय आनन्द।

मैं बाहर देखता हूँ और वहाँ पाता हूँ
विनाश-रात्रि का स्वरूप।

मैं आगे देखता हूँ और वहाँ पाता हूँ
जीवन का स्वर्णिम नृत्य।

मैं पीछे देखता हूँ और मिलती है वहाँ
मुक्त हिंसा की मुस्कराहट।

हिन्दी रूपान्तर : डॉ. पी. जयरामन

NOT NOW

My light shall flood the world.
    Not now, not now, not now!
My will shall feed the world.
    Not now, not now, not now!

My smile shall lift the world.
    Not now, not now, not now!
My boat shall sail the world.
    Not now, not now, not now!

My light, my will, my smile,
    My boat, shall change the face
Of earth and inspire the world
    To win the Godward race.

The Dance of Life, Part III, page 17

अब नहीं

मेरा प्रकाश विश्व को आवृत करेगा
पर
अब नहीं, अब नहीं, अब नहीं।

मेरा संकल्प विश्व को सब कुछ देगा
पर
अब नहीं, अब नहीं, अब नहीं।

मेरी मुस्कान संसार को उदात्त बनायेगी
पर
अब नहीं, अब नहीं, अब नहीं।

मेरी नौका संसार को तार देगी
पर
अब नहीं, अब नहीं, अब नहीं।

मेरा प्रकाश, मेरा संकल्प, मेरी मुस्कान,
मेरी नौका धरती का स्वरूप बदल देगी
और संसार को प्रेरित करेगी कि वह
भगवान की तरफ़ अपनी गति में
सफल हो।

हिन्दी रूपान्तर : डॉ. पी. जयरामन

I KNOW AND I KNOW NOT

I love the world;
I know not why and how.
The world loves me;
I know not why and how.

I love my Lord;
Oh, I know why and how.
My Lord loves me;
Oh, I know why and how.

Two strangers, the world and I.
O world, where are we, where?
Two friends, my Lord and I.
Here we are, eternally here.

The Dance of Life, Part III, page 18

मैं जानता हूँ; नहीं जानता भी

मैं दुनिया से प्यार करता हूँ,
पर, न जाने, क्यों और कैसे।

दुनिया भी मुझसे प्यार करती है,
पर, न जाने, क्यों और कैसे।

मैं अपने देवता से प्यार करता हूँ,
मुझे मालूम है, क्यों और कैसे।

मेरा देवता मुझसे प्यार करता है,
मुझे मालूम है, क्यों और कैसे।

दो अजनबी हैं, दुनिया और मैं
दुनिया, यह बता दो, कहाँ हैं हम, कहाँ हैं।

दो मित्र हैं, मेरा देवता और मैं
यहाँ हम हैं,
सदा के लिए यहाँ हम हैं।

हिन्दी रूपान्तर : डॉ. पी. जयरामन

MY LIFE IS TRANSCENDING

From the blue of the sky
My soul began its descending flight.
In the black of my body
My life is sleeping and sleeping.
In the green of my vital
My life is struggling and struggling.
In the red of my mind
My life is searching and searching.
In the white of my heart
My life is becoming and becoming.
In the gold of my soul
My life is transcending and transcending.

The Dance of Life, Part III, page 20

मेरा जीवन बढ़ रहा है

आकाश की नीलिमा से
मेरी आत्मा उतरने लगी।

मेरे शरीर की कालिमा में
मेरा जीवन सो रहा है।

मेरे प्राणशक्ति की हरीतिमा में
मेरा जीवन संघर्ष कर रहा है।

मेरे मन की लाली में
मेरा जीवन खोज रहा है।

मेरे हृदय के श्वेत वर्ण में
मेरा जीवन कुछ बन रहा है।

मेरी आत्मा के स्वर्णिम वर्ण में
मेरा जीवन बढ़ रहा है;
आगे बढ़ रहा है।

हिन्दी रूपान्तर : डॉ. पी. जयरामन

SHE SPEAKS

Softly she speaks;
    Therefore she is kind.
Slowly she speaks;
    Therefore she is confident.
Soulfully she speaks;
    Therefore she is divine.
Compassionately she speaks;
    Therefore she is immortal.
Unconditionally she speaks;
    Therefore she alone is indispensable.

The Dance of Life, Part III, page 22

वह बोलती है

वह नरमी से बोलती है;
इसलिए वह स्नेहिल है।

वह धीरे से बोलती है;
इसलिए वह विश्वासी है।

वह दिल से बोलती है;
इसलिए वह दैवी है।

वह सहानुभूति से बोलती है;
इसलिए वह अमर है।

वह बिना शर्त के बोलती है;
इसलिए केवल वही अपरिहार्य है।

हिन्दी रूपान्तर : डॉ. पी. जयरामन

WHEN I MEDITATE

When I meditate on God,
My world becomes the sunshine
    Of Immortality's birth.

When I meditate on mankind,
My world becomes the thick clouds
    Of uncertainty's life.

When I meditate on my puny "i,"
My world becomes the destined dance
    Of blind destruction-flood.

The Dance of Life, Part III, page 23

जब मैं ध्यान करता हूँ...

जब मैं भगवान का ध्यान करता हूँ
मेरी दुनिया में
अमरत्व की सूर्य-रश्मि खिलखिलाती है।

जब मैं इनसान का ध्यान करता हूँ
मेरी दुनिया में
अनिश्चितता के घोर बादल छा जाते हैं।

जब मैं अपने छोटे से "अहं" का ध्यान करता हूँ
मेरी दुनिया में
विनाश की अन्धी बाढ़ नाचने लगती है।

हिन्दी रूपान्तर : डॉ. पी. जयरामन

GOD FEELS

God feels good
When you embody
The life of sincerity.

God feels great
When you embody
The breath of purity.

God feels proud
When you embody
The soul of humility.

God feels victorious
When you embody
The role of His Duty.

The Dance of Life, Part III, page 24

भगवान महसूस करते हैं

भगवान को अच्छा लगता है
जब तुम
निष्ठा का जीवन जीते हो।

भगवान गौरव मानते हैं
जब तुम
पवित्रता की साँस लेते हो।

भगवान को गर्व होता है
जब तुम्हारी आत्मा
विनयशील होती है।

भगवान सफल महसूस करते हैं
जब तुम
उनके धर्म की भूमिका का वहन करते हो।

हिन्दी रूपान्तर : डॉ. पी. जयरामन

I FLY

I fly on the wings of morning
    To see in Heaven God's Beauty.
I fly on the wings of noon
    To see on earth God's Power.
I fly on the wings of evening
    To feel in my heart God's Silence.
I fly on the wings of night
    To feel in my soul God's Bliss.

The Dance of Life, Part III, page 25

मैं उड़ता हूँ

मैं उड़ता हूँ सुबह के पंखों पर
ताकि स्वर्ग में भगवान के सौन्दर्य को देखूँ।

मैं उड़ता हूँ दोपहर के पंखों पर
ताकि धरती पर भगवान की शक्ति को देखूँ।

मैं उड़ता हूँ सन्ध्या के पंखों पर
ताकि अपने अन्तर में भगवान का मौन महसूस करूँ।

मैं उड़ता हूँ रात के पंखों पर
ताकि अपनी आत्मा में भगवान का आनन्द महसूस करूँ।

हिन्दी रूपान्तर : डॉ. पी. जयरामन

HE WANTS, HE NEEDS

Freedom of religion
He wants.
Freedom of church
He needs.

Freedom of bondage
He wants.
Freedom of ignorance
He needs.

Freedom of life
He wants.
Freedom of silence
He needs.

The Dance of Life, Part III, page 31

वह चाहता है : उसे चाहिए

वह चाहता है
धर्म की आज़ादी
उसे चाहिए
गिरजे की आज़ादी।

वह चाहता है
बन्धन से मुक्ति।
उसे चाहिए
अविद्या से मुक्ति।

वह चाहता है
जीवन की स्वतन्त्रता।
उसे चाहिए
मौन की स्वतन्त्रता।

हिन्दी रूपान्तर : डॉ. पी. जयरामन

NONE

None will try for me
    When I try.
None will cry with me
    When I fail.
None will sigh over me
    When I am doomed.
None will think of me
    When I am gone.

The Dance of Life, Part III, page 34

कोई नहीं

कोई मेरे लिए कोशिश नहीं करेगा
जब मैं कोशिश करूँगा।

कोई मेरे साथ नहीं रोयेगा
जब मैं विफल हो जाऊँगा।

कोई मेरे लिए आह नहीं भरेगा
जब मैं बरबाद हो जाऊँगा।

कोई मेरे बारे में नहीं सोचेगा
जब मैं चला जाऊँगा।

हिन्दी रूपान्तर : डॉ. पी. जयरामन

THE STORIES OF HIS LIVES

He started his pilgrim-life
    With implicit faith in man.
He ends his pilgrim-life
    With a frustration-mountain.

He started his vagabond-life
    With no faith in God.
He ends his vagabond-life
    With God's Face in his heart
    And God's Heart in his eyes.

The Dance of Life, Part III, page 35

उसके जीवन की कथायें

उसने अपनी जीवन-यात्रा शुरू की
मानव पर अपार विश्वास के साथ।

वह अपनी जीवन-यात्रा खत्म करता है
भारी निराशा के साथ।

उसने अपनी यायावरी यात्रा शुरू की
भगवान पर विश्वास के बिना।

वह अपनी यायावरी यात्रा खत्म करता है
अपने हृदय में भगवान का रूप लिये;
अपनी आँखों में भगवान का प्यार लिये।

हिन्दी रूपान्तर : डॉ. पी. जयरामन

WHEN I DO

When I do
One thing at a time,
I am successful.

When I do
Two things at a time,
I am doubtful.

When I do
Three things at a time,
I am fearful.

When I do
Four things at a time,
God smiles at me.

When I do
Five things at a time,
God cries with me.

When I do
Six things at a time,
God dies with me.

When I do
Seven things at a time,
God does them all for me.

The Dance of Life, Part III, page 36

जब मैं करता हूँ

जब मैं एक समय पर
एक काम करता हूँ,
मैं सफल हूँ।

जब मैं एक समय पर
दो क़ाम करता हूँ,
मैं शक्की हूँ।

जब मैं एक समय पर
तीन काम करता हूँ,
मैं भयभीत हूँ।

जब मैं एक समय पर
चार काम करता हूँ,
भगवान मुझ पर मुस्कराते हैं।

जब मैं एक समय पर
पाँच काम करता हूँ,
भगवान मेरे साथ रोते हैं।

जब मैं एक समय पर
छः काम करता हूँ,
भगवान मेरे साथ मरते हैं।

जब मैं एक समय पर
सात काम करता हूँ,
भगवान मेरे लिए सब कुछ कर देते हैं।

हिन्दी रूपान्तर : डॉ. पी. जयरामन

HE SPOKE

He spoke to his past.
Alas, he is clothed
In soulless tears
And lifeless sighs.

He spoke to his present.
Alas, he is clothed
In brooding fears
And teeming doubts.

He spoke to his future.
Alas, he is clothed
In a visionless soul
And a missionless goal.

The Dance of Life, Part III, page 39

उसने बात की

उसने अपने अतीत से बात की,
वह आवृत है
हृदयहीन आँसुओं से
प्राणहीन आहों से।

उसने अपने वर्तमान से बात की
वह आवृत है
बढ़ते हुए भय से
अपार शंकाओं से।

उसने अपने भविष्य से बात की
वह आवृत है
दृष्टिहीन आत्मा से
आदर्शहीन लक्ष्य से।

हिन्दी रूपान्तर : डॉ. पी. जयरामन

THE LIBERAL

Liberal was he then
    In constant advice.
Liberal is he now
    In continuous promise.
Liberal will he be
    In ceaseless self-giving.
        His advice: Be divine.
        His promise: You I shall make divine.
        His self-giving: Lo, you are divine!

The Dance of Life, Part III, page 40

उदार

तब वह उदार था
निरन्तर सलाह देने में।

अब वह उदार है
निरन्तर वचन देने में।

आगे वह उदार होगा
अन्तहीन समर्पण में।

उसकी सलाह—दैवी बन;
उसका वचन—मैं तुझे दैवी बनाऊँगा;
उसका समर्पण—तू ही दैवी है!

हिन्दी रूपान्तर : डॉ. पी. जयरामन

A SEEKER'S THREE BIRTHDAYS

Each seeker can count his age
From three different dates:
The day he saw the light of day,
The day he sat at his Master's feet,
The day he became the Heart
Of the Pilot Supreme.

The Dance of Life, Part III, page 43

एक खोजी के तीन जन्म-दिवस

हर खोजी तीन अलग-अलग तिथियों से
अपनी आयु को गिन सकता है।

एक उस दिन से जब उसने
प्रकाश को देखा;

दूसरा उस दिन से जब वह
अपने गुरु के चरणों में बैठा;

तीसरा उस दिन से जब वह
परमात्मा का हृदय बना।

हिन्दी रूपान्तर : डॉ. पी. जयरामन

BE THOU

Be Thou my body
    That I may wake.
Be Thou my vital
    That I may run.
Be Thou my mind
    That I may fly.
Be Thou my heart
    That I may dive.
Be Thou my soul
    That I may reveal.
Be Thou my goal
    That I may fulfil.
Be Thou my all
    That I may only be Yours.

The Dance of Life, Part III, page 44

तू बन!

तू मेरा शरीर बन
कि मैं जाग उठूँ।

तू मेरी प्राण शक्ति बन
कि मैं दौड़ सकूँ।

तू मेरा मन बन
कि मैं उड़ जाऊँ।

तू मेरा हृदय बन
कि मैं डूब सकूँ।

तू मेरी आत्मा बन
कि मैं खुल जाऊँ

तू मेरा लक्ष्य बन
कि मैं पूरा करूँ।

तू मेरा सब कुछ बन
कि मैं सिर्फ़ तेरा रहूँ।

हिन्दी रूपान्तर : डॉ. पी. जयरामन

WHAT DO THE TEACHERS TEACH?

Death's lifeless night I was.
Life's endless day I am.
God's ceaseless Bliss I shall be.

Night taught me how to sigh.
Day teaches me how to try.
Bliss shall teach me how to cry.

I taught night how to surrender.
I teach day how to endeavour.
I shall teach Bliss how to devour.

The Dance of Life, Part III, page 46

गुरु क्या सिखाते हैं?

मैं था मृत्यु की प्राणहीन रात।
मैं हूँ जीवन का अन्तहीन दिन।
मैं बनूँगा भगवान का अनन्त आनन्द।

रात ने सिखाया मुझे
कैसे आह भरूँ।

दिन सिखाता है मुझे
कैसे यत्न करूँ।

आनन्द सिखायेगा मुझे
कैसे रुदन करूँ।

मैंने रात को सिखाया, कैसे समर्पण किया जाए।
मैं दिन को सिखाता हूँ, कैसे प्रयास किया जाए।
मैं आनन्द को सिखाऊँगा, कैसे त्याग किया जाए।

हिन्दी रूपान्तर : डॉ. पी. जयरामन

WHEN I SAY

When I say,
"God is powerful,"
The world is ready to endorse my view.

When I say,
"God is considerate,"
The world hesitates to endorse my view.

When I say,
"God is impartial,"
The world endeavours to negate my view.

When I say,
"God is merciful,"
The world devours my view.

The Dance of Life, Part I, page 3

जब मैं कहता हूँ...

जब मैं कहता हूँ
''भगवान शक्तिशाली हैं''
दुनिया मेरे विचार का समर्थन करने
के लिए तैयार है।

जब मैं कहता हूँ
''भगवान ध्यान रखते हैं''
दुनिया मेरे विचार का समर्थन करने
के लिए ज़रा सोचती है।

जब मैं कहता हूँ
''भगवान तरफ़दार नहीं हैं''
दुनिया मेरे विचार को नकारने
की कोशिश करती है।

जब मैं कहता हूँ
''भगवान दयालु हैं''
दुनिया मेरे विचार को अमान्य
करती है।

हिन्दी रूपान्तर : डॉ. पी. जयरामन

DESIRE-SUN, ASPIRATION-MOON

Desire-sun makes me tremble.
Aspiration-moon makes me dream.
O desire-sun, in you
I have my silent death.
O aspiration-moon, with you
I have my endless life.

The Dance of Life, Part I, page 8

इच्छा-सूर्य : आकांक्षा-चन्द्र

इच्छा-सूर्य मुझे लड़खड़ाने देता है

आकांक्षा-चन्द्र मुझे स्वप्न-द्रष्टा बनाता है।

हे इच्छा-सूर्य! तुझमें
मेरी मौन मृत्यु है।

हे आकांक्षा-चन्द्र! तुझमें
मेरा अनन्त जीवन है।

हिन्दी रूपान्तर : डॉ. पी. जयरामन

AT LAST I SHALL LISTEN

My past is heavy with
The lifeless meaning.
A frightened thought
My fast-approaching future is.
I have the body and soul of hope
    Completely in my thoughts.
I shout at the top of my lungs.
My soul embodies the weight of despair.
At last I am now learning the art of listening
    To God's Voice.
"Son, in your soulful silence
Is My fruitful Message,
        My All."

The Dance of Life, Part I, page 9

अन्त में मैं सुनूँगा

मेरा अतीत भारी है
जीवविहीन परिभाषा के साथ।

भयावह चिन्तन
मेरा तेज़ी से आता हुआ
भविष्य है।

मेरा शरीर और आत्मा है
मेरे चिन्तन पर परिपूर्ण विश्वासी।

मैं ऊँची आवाज़ में चिल्लाता हूँ;
मेरी आत्मा निराशा के भार को
सम्मूर्तित करती है।

अन्त में मैं खुदा की आवाज़ को
सुनने की कला
अब सीख रहा हूँ–
''बेटे, तेरे आत्मिक मौन में
मेरा समग्र
सफल सन्देश है।''

हिन्दी रूपान्तर : डॉ. पी. जयरामन

A SYMBOL OF PROMISE

Every life is a rich
    Storehouse
Of experience.
I dare declare:
We live not,
    NOT
In an epoch of chaotic decay.
I plumb the depths of light
At each hush-gap.

Every life
Is a symbol of promise,
Streaming forth from a realm
    Where no one is a stranger,
    Unwanted none,
Where love blossoms for the One
And Truth for the many.

The Dance of Life, Part I, page 12

विश्वास का प्रतिमान

प्रत्येक जीवन
अनुभवों का भरा-पूरा खज़ाना है।
मैं घोषित करने का साहस करता हूँ;
हम जीते नहीं—
नहीं जीते हैं
अस्तव्यस्त विनाश के युग में;
मैं हर मौन घाटी में
रोशनी की गहराई की थाह लेता हूँ।

प्रत्येक जीवन
उस मंडल से बढ़ते हुए
विश्वास का प्रतिमान है
जहाँ कोई अजनबी नहीं;
नहीं अनचाहा कोई;
जहाँ एक के लिए प्यार विकसता है
और फूलता है अनेक के लिए सत्य।

हिन्दी रूपान्तर : डॉ. पी. ज़यरामन

THE TRUTH-EMPEROR OF LOVE

Soon my earth-pilgrimage shall end.
Today, today I shall arouse
With my clarion call
All the slumbering universal eyes.
I saw the light of day
With a world-message:
"Each man is the Truth-Emperor of Love."

The Dance of Life, Part I, page 13

सत्य-प्यार का शासक

जल्दी ही
मेरी पार्थिव यात्रा
खत्म होगी।

आज, आज मैं
ऊँची आवाज़ में
सारी सोती हुई
विश्वीय आँखों को
जगा दूँगा।

मैंने दिन की
रोशनी देखी
इस विश्व-सन्देश के साथ,
"हर मानव सत्य है—
प्यार का शासक है।"

हिन्दी रूपान्तर : डॉ. पी. जयरामन

CHILDREN OF THE HIMALAYAN CAVES

The Master said in public:
"My hope and my faith
Are centred in my young disciples."
The old disciples groaned:
"Master, good-bye. We are leaving you
    For good."
The Master then said:
"My real disciples are those
Who have denied themselves."
The young disciples roared:
"Master, we are leaving you, immediately.
We have done so much for you.
Your shameless ungratefulness
Deserves us not."
Who remained?
Only children,
    Children of the Himalayan caves
For the Transcendental Palace.

The Dance of Life, Part I, page 14

हिमालय की गुफ़ाओं की सन्तानें

गुरु ने सबके सामने कहा :
''मेरी आशा और मेरी श्रद्धा
मेरे युवा शिष्यों में है।''

वृद्ध शिष्य व्यथित हुए,
''गुरुजी, नमस्कार;
हम आपको हमेशा के लिए
छोड़ रहे हैं।''

गुरु ने फिर कहा :
''मेरे सच्चे शिष्य हैं वे
जिन्होंने अपने आपका त्याग कर दिया है।''

युवा शिष्य गरज उठे,
''गुरुजी, हम आपको तत्काल छोड़ रहे हैं।
हमने आपके लिए बहुत कुछ किया है,
पर आपकी निर्लज्ज कृतघ्नता
हमारे योग्य नहीं है।''

कौन बाद में बचे
अलौकिक प्रासाद के लिए?
केवल हिमालय की गुफ़ाओं की सन्तानें!

हिन्दी रूपान्तर : डॉ. पी. जयरामन

I AM HAPPY

I am happy because
My mind has forgotten how to
Calculate.
I am happy because
My heart has forgotten how to
Hesitate.
I am happy because
My life always knows how to
Tolerate.

The Dance of Life, Part I, page 15

मैं खुश हूँ

मैं खुश हूँ, क्योंकि
मेरा मन भूल गया है कि
कैसे गिना जाय।

मैं खुश हूँ, क्योंकि
मेरा हृदय भूल गया है कि
कैसे संकोच किया जाय।

मैं खुश हूँ, क्योंकि
मेरा जीवन सर्वदा
यह जानता है कि
कैसे सहन किया जाय।

हिन्दी रूपान्तर : डॉ. पी. जयरामन

HOW I DEAL WITH GOD

I steeled my nerves to brave God.
I strengthened my will to capture God.
I stilled my mind to welcome God.
I emptied my heart to treasure God.

The Dance of Life, Part I, page 16

मैं भगवान से कैसे व्यवहार करता हूँ!

मैंने भगवान का सामना करने के लिए
अपनी नसों को मज़बूत बनाया।

मैंने भगवान को पकड़ने के लिए
अपने निर्णय को सशक्त किया।

मैंने भगवान का स्वागत करने के लिए
अपने मन को निश्चल किया।

मैंने भगवान को बिठाने के लिए
अपने हृदय को खाली किया।

हिन्दी रूपान्तर : डॉ. पी. जयरामन

HIDE-AND-SEEK

Every minute inspires me
    To attempt.
Every hour perfects me
    To ascend.
Every day illumines me
    To reach.
In my attempt,
    I have come to learn what I can be.
In my ascension,
    I have come to learn who I eternally am.
On my arrival,
    God and I shall stop playing
        Our age-long game,
Hide-and-seek.

The Dance of Life, Part I, page 17

आँख-मिचौली

हर मिनट मुझे प्रेरित करता है
प्रयास करने के लिए।

हर घंटा मुझे विशुद्ध बनाता है
ऊपर उठने के लिए।

हर दिन मुझे ज्योतित करता है
लक्ष्य तक पहुँचने के लिए।

अपने प्रयास में
मैं समझ पाया हूँ, मैं क्या हो सकता हूँ।

अपने आरोह में
मैं समझने लगा हूँ, मैं शाश्वत रूप से क्या हूँ।

जब मैं पहुँचूँगा लक्ष्य तक
खुदा और मैं अपनी सनातन लीला—
आँख-मिचौली को
समाप्त कर देंगे।

हिन्दी रूपान्तर : डॉ. पी. जयरामन

WHERE IS IT?

Heaven cries out: "Where is it?"
Earth cries out: "Where is it?"
God cries out: "Where is it?"
Man smiles and asks: "What is it?"
God, Earth and Heaven cry:
    "Gratitude, your gratitude."
Man says: "O Earth, your choice deserves it not.
O Heaven, Your voice retains it not.
O God, Your Forgiveness needs it not.
        Never."

The Dance of Life, Part I, page 23

वह कहाँ है?

स्वर्ग चिल्लाता है, "वह कहाँ है?"
धरती चिल्लाती है, "वह कहाँ है?"
भगवान चिल्लाता है, "वह कहाँ है?"

मानव मुस्कराता है और पूछता है, "वह क्या है?"
भगवान, धरती और स्वर्ग चिल्लाते हैं,
"कृतज्ञता, तेरी कृतज्ञता"

मानव कहता है, "हे धरती! तू इसके
काबिल नहीं है।
हे स्वर्ग! तेरी आवाज़ इसे आत्मसात् नहीं करती
हे भगवान! तेरी क्षमाशीलता इसकी अपेक्षा
नहीं करती; कभी नहीं करती।"

हिन्दी रूपान्तर : डॉ. पी. जयरामन

I LONG TO BE ONE

I long to be one
With the Dust of Your Feet.
I long to be one
With the Smile of Your Eyes.
I long to be one
With the Love of Your Heart.
I long to be one
With the Oars of Your Boat.
I long to be one
With the Glow of Your Promise.
I long to be one
With the Flow of Your Life.
I long to be one
With the Victory of Your Banner.

The Dance of Life, Part I, page 29

मैं एक होना चाहता हूँ

मैं एक होना चाहता हूँ
तेरे पद-रज के साथ।

मैं एक होना चाहता हूँ
तेरी नयन-स्मिति के साथ।

मैं एक होना चाहता हूँ
तेरे अन्तर के प्यार के साथ।

मैं एक होना चाहता हूँ
तेरी नौका की पतवार के साथ।

मैं एक होना चाहता हूँ
तेरे विश्वास की चमक के साथ।

मैं एक होना चाहता हूँ
तेरे जीवन की गति के साथ।

मैं एक होना चाहता हूँ
तेरी विजय पताका के साथ।

हिन्दी रूपान्तर : डॉ. पी. जयरामन

MY GOD-BECOMING

His Compassion is
The cure of my body.
His Vision is
The cure of my soul.
My life owes
To His creative Will within me.
My earthly role owes
To His ceaseless sun-vast Smiles.
My Heavenly goal will owe
To Him for my permanent God-becoming.

The Dance of Life, Part I, page 30

मेरी ईश्वरीय सृष्टि

उसकी करुणा है
मेरे शरीर की रक्षा
उसकी दृष्टि है
मेरी आत्मा की रक्षा

मेरा जीवन कृतज्ञ है
मेरे भीतर विद्यमान
उसकी संकल्प शक्ति के प्रति।
मेरी भौतिक भूमिका
उसकी अनन्त सूर्य-सम विशद मुस्कानों के प्रति
कृतज्ञ है।

मेरा स्वर्गिक लक्ष्य
मेरी स्थायी ईश्वरीय सृष्टि के लिए
उसके प्रति कृतज्ञ होगा।

हिन्दी रूपान्तर : डॉ. पी. जयरामन

BUBBLES OF HUMAN PHILOSOPHY

My mother's ageless grace
Waves in my heart's starry skies.
My father's ageless face
Smiles inside the bubbles
Of my human philosophy.

The Dance of Life, Part I, page 33

मानवीय दर्शन के बुदबुदे

मेरी माता की चिरन्तन अनुकम्पा
मेरे अन्तर के टिमटिमाते आकाश में लहराती है।

मेरे पिता का शाश्वत चेहरा
मेरे मानवीय दर्शन के
बुदबुदों के भीतर मुस्कुराता है।

हिन्दी रूपान्तर : डॉ. पी. जयरामन

HOPE-BOAT AND LIFE-BOAT

My hope-boat is plying
Between uncertainty and frustration.
My thought-boat is plying
Between disaster and destruction.
My will-boat is plying
Between silence and sound.
My life-boat is plying
Between beauty's shore and duty's goal.

The Dance of Life, Part I, page 36

विश्वास-नैया और जीवन-नौका

मेरी विश्वास-नैया
अनिश्चितता और कुंठा के बीच चल रही है।

मेरी विचार-नौका
संकट और विनाश के बीच चल रही है।

मेरी संकल्प-नौका
मौन और ध्वनि के बीच चल रही है।

मेरी जीवन-नौका
सौन्दर्य के छोर और कर्तव्य के लक्ष्य
के बीच चल रही है।

हिन्दी रूपान्तर : डॉ. पी. जयरामन

GREAT IS HE,
GREAT IS SHE,
GREAT IS GOD

He is great.
He negates his train of passion
By voluntarily enjoying it.

She is great.
She negates her stream of insecurity
By voluntarily cherishing it.

God is great.
His Compassion forgives man and woman.
God is great.
His Love hides them soulfully.
God is great.
His Light liberates them unconditionally.

The Dance of Life, Part I, page 38

पुरुष महान है; महान है नारी; भगवान महान है

पुरुष महान है
वह अपनी अपरिमित चाहों को
स्वेच्छा से उपभोग करते हुए
नकारता है।

नारी महान है
वह अपनी असुरक्षा की गति को
स्वेच्छा से अपनाते हुए
नकारती है।

भगवान महान है
उसकी सहृदयता पुरुष और नारी को
माफ़ करती है।

भगवान महान है
उसका प्यार उनको गहराई से अपने मन में
छिपा लेता है।

भगवान महान है
उसकी रोशनी बिना शर्त के उनको
मुक्त करती है।

हिन्दी रूपान्तर : डॉ. पी. जयरामन

I NEED

The human in me
Needs crucifixion-night.

The divine in me
Needs ascension-day.

The immortal in me
Needs perfection-noon.

And whom do I need?

I need God.
I need Ishwara.
I need Adonai.
I need Lord.
I need Ahurmazda.
I need Allah.
I need Amitabha.

Many more, all, all
Inside the boundless Net
    Of the Absolute Supreme.

The Dance of Life, Part I, page 41

मुझे ज़रूरत है

मेरे भीतर के मानव को
क्रूसीकरण की रात की ज़रूरत है।

मेरे भीतर के देवता को
आरोह-दिन की आवश्यकता है।

मेरे भीतर के अमरत्व को
विशुद्धता-मध्याह्न की आवश्यकता है।

मुझे किसकी ज़रूरत है?

मुझे चाहिए भगवान;
मुझे चाहिए ईश्वर;
मुझे चाहिए अडोनाई;
मुझे चाहिए मालिक;
मुझे चाहिए अहुरमज़दा;
मुझे चाहिए अल्लाह;
मुझे चाहिए अमिताभ;
मुझे चाहिए और बहुत; सब कुछ
जो परिपूर्ण, महत्तम के
असीम जाल के भीतर हैं।

हिन्दी रूपान्तर : डॉ. पी. जयरामन

I DO THE IMPOSSIBLE, HOW?

I have decided what I want.
I shall listen to the voice within.
I believe
It is all-loving, all-fulfilling.
I know it is all-loving, all-fulfilling.
And it is exactly so.
My belief is my power.
My knowledge is my power.
I do the impossible because
My life of constant surrender
To the Will of the Supreme
Has taught me how.

The Dance of Life, Part I, page 42

मैं असम्भव को करता हूँ, कैसे?

मैंने निश्चय किया है,
मुझे चाहिए क्या?
मैं भीतर की आवाज़ को सुनूँगा।

मैं विश्वास करता हूँ,
यह सबका प्यारा है
सब कुछ देता है।

मैं जानता हूँ,
यह सबका प्यारा है
सब कुछ देता है।
यह वास्तव में है ही ऐसा।

मेरा विश्वास मेरी शक्ति है
मेरा ज्ञान मेरी ऊर्जा है
मैं असम्भव को करता हूँ
क्योंकि
सर्वोत्तम के संकल्प के प्रति
निरन्तर समर्पण करते मेरे जीवन ने
मुझे सिखाया है कि
यह कैसे होता है।

हिन्दी रूपान्तर : डॉ. पी. जयरामन

MY RELATIONSHIP WITH BOOKS

I don't read a book.
  I study it!
I don't study a book.
  I love it!
I don't love a book.
  I just become it!
I know there is only one book:
  God's Reality.
I know there is only one reader:
  God's Vision.
I know there is only one enjoyer:
  God the eternal Child.

The Dance of Life, Part I, page 43

किताबों से मेरा रिश्ता

मैं किताब पढ़ता नहीं,
मैं उसका अध्ययन करता हूँ।

मैं किताब का अध्ययन करता नहीं,
मैं उससे प्यार करता हूँ।

मैं किताब से प्यार करता नहीं,
मैं वही बन जाता हूँ।

जानता हूँ मैं, केवल एक ही किताब है;
वह है खुदा की वास्तविकता।

जानता हूँ मैं, केवल एक ही पाठक है;
वह है खुदा की दृष्टि।

जानता हूँ मैं, केवल एक ही भोक्ता है,
वह है खुदा—शाश्वत शिशु।

हिन्दी रूपान्तर : डॉ. पी. जयरामन

TWO SMILES

O height of understanding,
    I want you not.
O height of becoming,
    I want you.
O height of oneness,
    I am you.
In me you see the smile of
    Here.
In you I see the smile of
    Now.
Here eventually becomes.
Now eternally is.

The Dance of Life, Part I, page 45

दो मुस्कानें

हे ज्ञान की ऊँचाई!
मैं तुझे नहीं चाहता।

हे सृष्टि की उच्चता!
मैं तुझे चाहता हूँ।

हे एकात्मता की ऊँचाई!
मैं तू ही हूँ।

तू मुझमें क्या देखता है
जीवन की मुस्कान;
तुझमें मैं देखता हूँ
वर्तमान की मुस्कान।

जीवन अन्ततः बनता है;
वर्तमान शाश्वत रूप से विद्यमान है।

हिन्दी रूपान्तर : डॉ. पी. जयरामन

THE MIRACLE-MAKER

His is the life of a miracle-maker.
He started with himself.
Himself he loved.
Himself he caught.
Himself he taught.

He has started teaching.
Nobody passes through him unchanged.
His life is a constant movement
    Upward and inward.
Doctrine he has none.

His Heavenly beauty and God
Live under the same roof.
His earthly duty and God
Live in the same room.

The Dance of Life, Part I, page 48

चमत्कार कर्ता

उसका एक चमत्कार कर्ता का
जीवन है;
उसने स्वयं ही शुरू किया;
उसने स्वयं ही प्यार किया;
उसने स्वयं ही पकड़ा;
उसने स्वयं ही सिखाया।

उसने शुरू किया है सिखाना।
कोई उससे होकर अपरिवर्तित आगे नहीं बढ़ता।
उसकी जिन्दगी
ऊपर और भीतर
निरन्तर गतिशील है।
उसका कोई अचल सिद्धान्त
नहीं है।

उसका स्वर्गिक सौन्दर्य और खुदा
दोनों एक ही छत के नीचे रहते हैं
उसका पार्थिव धर्म और खुदा
दोनों एक ही कमरे में जीते हैं।

हिन्दी रूपान्तर : डॉ. पी. जयरामन

IN HIS SHADOW

I wish to live in his shadow.
        Why?
Because his heart of deeds
    Gets priority
Over his mind of thoughts.

I wish to live in his shadow.
        Why?
Because his one single smile
Is fraught with more meaning
        Than
All the sermons of the world
    Collected together.

I wish to live in his shadow.
        Why?
Because his silence is the source
Of my countless freedom-deeds.

The Dance of Life, Part I, page 49

उसकी छाँव में...

मैं उसकी छाँव में जीना चाहता हूँ;
क्यों?
क्योंकि उसके कर्मों का हृदय
उसके विचारों के मस्तिष्क पर
अग्रत्व प्राप्त करता है।

मैं उसकी छाँव में जीना चाहता हूँ;
क्यों?
क्योंकि उसकी अकेली मुस्कान
विश्व के तमाम उपदेशों की अपेक्षा
ज्यादा सार्थक है।

मैं उसकी छाँव में जीना चाहता हूँ;
क्यों?
क्योंकि उसका मौन
मेरे अनगिनत मुक्ति-कर्मों का
स्रोत है।

हिन्दी रूपान्तर : डॉ. पी. जयरामन

IT NEVER HAPPENED!

It never happened!
I never betrayed God.
It never happened.

It never happens!
I never ignore man.
It never happens.

It shall never happen!
I shall never eat
My realisation-fruit
All alone.
It shall never happen.

Eternity's Silence-Heart, page 4

यह कभी नहीं हुआ

यह कभी नहीं हुआ!
मैंने ईश्वर को कभी धोखा नहीं दिया।
यह कभी नहीं हुआ!

यह कभी नहीं होता!
मैं इनसान की कभी उपेक्षा नहीं करता।
यह कभी नहीं होता!

यह कभी नहीं होगा!
मैं कभी अपनी स्वानुभूति का फल
अकेले नहीं खाऊँगा।
यह कभी नहीं होगा!

हिन्दी रूपान्तर : डॉ. पी. जयरामन

WHO?

Who is your unknown enemy?
The hungry animal in you.

Who is your unknowable enemy?
The angry human in you.

Who is your unknown friend?
The soulful lover in you.

Who is your unknowable friend?
The ever-forgiving Mother in you.

Eternity's Silence-Heart, page 5

कौन?

कौन तेरा अज्ञात शत्रु है?
तेरे भीतर का भूखा पशु है वह।

कौन तेरा अज्ञेय शत्रु है?
तेरे भीतर का क्रोधी मानव है वह।

कौन तेरा अज्ञात मित्र है?
तेरे भीतर का आत्मिक प्रेमी है वह।

कौन तेरा अज्ञेय मित्र है?
तेरे भीतर का क्षमाशील मातृत्व है वह।

हिन्दी रूपान्तर : डॉ. पी. जयरामन

THE REASON

The reason I write:
I long to correct myself.

The reason I speak:
I long to perfect myself.

The reason I love:
I long to fulfil myself.

The reason I serve:
I long to transcend myself.

Eternity's Silence-Heart, page 7

क्यों?

मैं क्यों लिखता हूँ?
मैं अपने को सुधारना चाहता हूँ।

मैं क्यों बोलता हूँ?
मैं अपने को विशुद्ध बनाना चाहता हूँ।

मैं क्यों प्यार करता हूँ?
मैं अपने को पूर्ण बनाना चाहता हूँ।

मैं क्यों सेवा करता हूँ?
मैं अपने को अतिक्रमित करना चाहता हूँ।

हिन्दी रूपान्तर : डॉ. पी. जयरामन

LIKE A GOD

You think like a god,
    Although
You do not live like a god.

You live like a god,
    Although
You do not love like a god.

You love like a god,
    Although
You are a false god.

Eternity's Silence-Heart, page 8

भगवान की तरह...

तुम भगवान की तरह सोचते हो
हालाँकि
तुम भगवान की तरह रहते नहीं हो।

तुम भगवान की तरह रहते हो
हालाँकि
तुम भगवान की तरह प्यार नहीं करते हो।

तुम भगवान की तरह प्यार करते हो
हालाँकि
तुम एक झूठे भगवान हो।

हिन्दी रूपान्तर : डॉ. पी. जयरामन

I MUST SET YOU FREE

Fear, I must set you free.
How long will you remain
In a foreign country?
You should go back to your own country.
Your brother Death,
What will he be thinking of you?

Doubt, I must set you free.
How long will you remain
In a foreign country?
You should go back to your own country.
Your friend Satan,
What will he be thinking of you?

Eternity's Silence-Heart, page 11

तुझे मैं मुक्त करूँगा

भय, मैं तुझे मुक्त करूँगा।
कब तक रहेगा तू किसी परदेश में?
तुझे निज देश लौटना होगा।

तेरा भ्राता—मरण
तेरे बारे में क्या सोचता होगा?

सन्देह, मैं तुझे मुक्त करूँगा।
कब तक रहेगा तू किसी परदेश में?
तुझे निज देश लौटना होगा।

तेरा दोस्त—शैतान
तेरे बारे में क्या सोचता होगा?

हिन्दी रूपान्तर : डॉ. पी. जयरामन

WHY FEAR?

Why fear life?
Why fear death?
Life is your older brother
Who inspires you to transcend
Your puny self.
Death is your younger brother
Who warns you not to embrace
Pleasure-life.

Eternity's Silence-Heart, page 13

डरना क्यों?

जीवन से क्यों डरना है?
मरण से भी क्यों डरना है?
जीवन तेरा अग्रज है
जो तुझे लघु अहं से
ऊपर उठने के लिए प्रेरित करता है।
मरण तेरा अनुज है
जो तुझे वासनामय जीवन
जीने के ख़िलाफ़ चेतावनी देता है।

हिन्दी रूपान्तर : डॉ. पी. जयरामन

WHERE IS HE?

Where is he?
    I know not.

Where is his body?
    In the land of death.

Where is his life?
    In the land of Immortality.

Where is his soul?
    In the gratitude-breath of humanity.

Eternity's Silence-Heart, page 14

वह कहाँ है?

वह कहाँ है?
मैं नहीं जानता।

कहाँ है उसका शरीर?
मृत्यु के स्थल पर है।

कहाँ है उसका जीवन?
अमरता की भूमि में है।

कहाँ है उसकी आत्मा?
मानवता की कृतज्ञता-श्वास में है।

हिन्दी रूपान्तर : डॉ. पी. जयरामन

POWER

The love of beauty
Is
Earth-power.

The beauty of love
Is
Heaven-power.

The love of truth
Is
Man-power.

The truth of love
Is
God-power.

Eternity's Silence-Heart, page 15

शक्ति

सौन्दर्य का प्रेम है
धरती की शक्ति।

प्रेम का सौन्दर्य है
स्वर्ग की शक्ति।

सत्य का प्रेम है
मानव की शक्ति।

प्रेम का सत्य है
ईश्वर की शक्ति।

हिन्दी रूपान्तर : डॉ. पी. जयरामन

YOU

You are dear to me
    Because
You love me.

You are dearer to me
    Because
You love meditation.

You are dearest to me
    Because
You love God.

Eternity's Silence-Heart, page 17

तू

तू मेरे लिए प्यारा है
क्योंकि
तू मुझसे प्यार करता है।

तू मेरे लिए ज़्यादा प्यारा है
क्योंकि
तू साधना से प्यार करता है।

तू मेरे लिए सबसे ज़्यादा प्यारा है
क्योंकि
तू भगवान से प्यार करता है।

हिन्दी रूपान्तर : डॉ. पी. जयरामन

TRUTH, HEAVEN AND GOD

Truth, my Truth,
You are still unemployed.

Heaven, my Heaven,
You are still ignored.

God, my God,
You are still unsought.

Eternity's Silence-Heart, page 21

सत्य, स्वर्ग और भगवान

सत्य, मेरे सत्य!
तू अब भी बेकार है।

स्वर्ग, मेरे स्वर्ग!
तेरी अब भी उपेक्षा है।

भगवान, मेरे भगवान!
तेरी अब भी माँग नहीं।

हिन्दी रूपान्तर : डॉ. पी. जयरामन

NOT ALONE

I play not alone.
    When I play
The sun and the moon join me.

I sing not alone.
    When I sing
Light and delight join me.

I dance not alone.
    When I dance
The sky and the sea join me.

Eternity's Silence-Heart, page 22

अकेले नहीं

मैं अकेले नहीं खेलता;
जब मैं खेलता हूँ,
सूरज और चाँद मेरे साथ होते हैं।

मैं अकेले नहीं गाता;
जब मैं गाता हूँ,
रोशनी और खुशी मेरे साथ होती हैं।

मैं अकेले नहीं नाचता;
जब मैं नाचता हूँ,
आकाश और समुद्र मेरे साथ होते हैं।

हिन्दी रूपान्तर : डॉ. पी. जयरामन

NOT BECAUSE
I DO NOT LOVE YOU

Father,
It is not because
I do not love You
That on rare occasions
I wish to stay all alone.
It is because at times
I immensely enjoy the core of solitude.
But Father,
If You think
What I am doing is wrong,
Unpardonably wrong,
Then I am running towards You,
I am flying towards You,
Father, for You alone are my Eternity's all.

Eternity's Silence-Heart, page 23

इसलिए नहीं कि
मैं तुझसे प्यार नहीं करता

मेरे पिता!
मैं कभी कभी
अकेले रहना चाहता हूँ;
इसलिए नहीं कि
मैं तुझसे प्यार नहीं करता;
पर इसलिए कि
मैं बेहद एकान्त को
बहुत पसन्द करता हूँ।

किन्तु मेरे पिता!
गर तू सोचता है कि
मैं गलती कर रहा हूँ,
अक्षम्य रूप से गलती कर रहा हूँ,
तब तो मैं तेरी ओर दौड़ आऊँगा;
तेरी ओर उड़कर आऊँगा।
मेरे पिता! वह इसलिए कि
केवल तू मेरा अमर सत्य है।

हिन्दी रूपान्तर : डॉ. पी. जयरामन

DO YOU WANT POWER?

Do you want power?
Then go to the outer temple.

Do you want peace?
Then go to the inner temple.

Do you want love?
Then go to the God-temple.
Where is it?
It is inside
The sea of your climbing eyes.

Eternity's Silence-Heart, page 25

क्या तुझे शक्ति चाहिए?

क्या तुझे शक्ति चाहिए?
फिर तू बाहर के मन्दिर में जा।

क्या तुझे शान्ति चाहिए?
फिर तू भीतर के मन्दिर में जा।

क्या प्यार तुझे चाहिए?
फिर तू भगवान के मन्दिर में जा।

पर वह कहाँ है?
वह तो है
तेरी उभरती आँखों के
समुन्दर के भीतर।

हिन्दी रूपान्तर : डॉ. पी. जयरामन

WHERE HAVE THEY GONE?

I see an empty church.
Where is the Christ?
Where has he gone?

I see an empty temple.
Where is Sri Krishna?
Where has he gone?

I see an empty heart.
Where is God?
Where has He gone?

Eternity's Silence-Heart, page 50

वे कहाँ चले गये हैं?

मैं खाली गिरजाघर देखता हूँ
कहाँ हैं ईसा?
वे कहाँ चले गये हैं?

मैं खाली मन्दिर देखता हूँ
कहाँ हैं भगवान कृष्ण?
वे कहाँ चले गये हैं?

मैं सूना दिल देखता हूँ
कहाँ हैं भगवान?
वे कहाँ चले गये हैं?

हिन्दी रूपान्तर : डॉ. पी. जयरामन

WHEN I WAS IN HEAVEN

When
I was in Heaven,
I was told
That God did not need me.

When
I was on earth,
I had the feeling
That God needed me constantly.
At least that is what I personally felt.

Eternity's Silence-Heart, page 91

जब मैं स्वर्ग में था

जब मैं स्वर्ग में था,
मुझसे कहा गया
कि खुदा को मेरी ज़रूरत नहीं है।

जब मैं पृथ्वी पर था,
मुझे ऐसा महसूस हुआ
कि खुदा को निरन्तर मेरी जरूरत है।
कम से कम मुझे ऐसा लगा।

हिन्दी रूपान्तर : डॉ. पी. जयरामन

THE ROBBERS

Who has robbed my soul?
    Ignorance-thief.

Who has robbed my heart?
    Darkness-thief.

Who has robbed my life?
    Desire-thief.

Eternity's Silence-Heart, page 92

लुटेरे

मेरी आत्मा को किसने लूटा?
अज्ञान-लुटेरे ने।

मेरे हृदय को किसने लूटा?
अन्धकार-लुटेरे ने।

मेरे जीवन को किसने लूटा?
इच्छा-लुटेरे ने।

हिन्दी रूपान्तर : डॉ. पी. जयरामन

DIVINE CONQUERORS

To love is to conquer
Without danger.

To serve is to conquer
Without pride.

To surrender is to conquer
Without error.

Eternity's Silence-Heart, page 93

दैवी विजेता

प्यार करना जीतना है
खतरे के बिना।

सेवा करना जीतना है
गर्व के बिना।

समर्पण करना जीतना है
दोष के बिना।

हिन्दी रूपान्तर : डॉ. पी. जयरामन

A COMMON ERROR

Temptation is a common error
In the life of a human being.

Suspicion is a common error
In the life of a human mind.

Fear is a common error
In the life of a human heart.

Indifference is a common error
In the life of a human soul.

Eternity's Silence-Heart, page 94

सामान्य दोष

आकर्षण एक सामान्य दोष है
मानव के जीवन में।

सन्देह एक सामान्य त्रुटि है
मानव-मन की प्रवृत्ति में।

भय एक सामान्य दोष है
मानव-हृदय की अनुभूति में।

उदासीनता एक सामान्य त्रुटि है
मानव-आत्मा के व्यवहार में।

हिन्दी रूपान्तर : डॉ. पी. जयरामन

I LEFT THE WORLD

I left the world of darkness,
Not because I was too wise,
But because I was too weak
    To transform it.

I left the world of light,
Not because it was too powerful,
But because I found its supreme necessity
Was to expand through me
To the wider world.

Eternity's Silence-Heart, page 95

मैंने दुनिया छोड़ी

मैंने अन्धकार की दुनिया छोड़ी
न इसलिए कि मैं ज्यादा अक्लमंद हूँ;
पर इसलिए कि मैं बहुत कमज़ोर हूँ;
इसे बदलने की ताकत मुझमें नहीं है।

मैंने प्रकाश की दुनिया छोड़ी
न इसलिए कि यह बहुत अधिक ओजस्वी है;
पर इसलिए कि मैंने देखा
इसे मेरे माध्यम से
विशाल विश्व में फैल जाना चाहिए था।

हिन्दी रूपान्तर : डॉ. पी. जयरामन

THEIR GREAT ART

Dream is Heaven's great art.
Reality is earth's great art.
Compassion is God's great art.
Ingratitude is man's great art.

Eternity's Silence-Heart, page 100

उनकी विशेषता

स्वप्न स्वर्ग की खासियत है;
वास्तविकता धरती की विशेषता है;
सहानुभूति भगवान की लीला है;
कृतघ्नता मानव की कला है।

हिन्दी रूपान्तर : डॉ. पी. जयरामन

SEE AND ADORE!

Who brought death into the world?
You alone and nobody else.
See and confess!

Who will bring immortality into the world?
He alone and nobody else.
See and admire!

Who will bring perfection into the world?
I alone and nobody else.
See and adore!

Eternity's Silence-Heart, page 103

देख और आराधन कर!

कौन मृत्यु को लाया इस विश्व में?
तू ही लाया; और कोई नहीं।
देख और स्वीकार कर।

कौन विश्व में अमरता लायेगा?
सिर्फ़ वही; और कोई नहीं।
देख और प्रशस्ति कर।

कौन विश्व में सम्पूर्णता लायेगा?
सिर्फ़ मैं; और कोई नहीं।
देख और आराधना कर।

हिन्दी रूपान्तर : डॉ. पी. जयरामन

WHEN I FORGET, WHEN I REMEMBER

When I forget to think of God once,
He smiles.

When I forget to think of God twice,
He laughs.

When I forget to think of God thrice,
He cries.

He smiles lovingly because I am helpless.
He laughs profoundly because I am hopeless.
He cries sincerely because I am shameless.

When I remember to think of God once,
He blesses me.

When I remember to think of God twice,
He caresses me.

When I remember to think of God thrice,
He embraces me.

He blesses me, my life of aspiration.
He caresses me, my life of realisation.
He embraces me, my life of manifestation.

Songs of the Soul, page 76

जब मैं भूल जाता हूँ–जब मैं याद करता हूँ

जब मैं एक बार खुदा की याद करना भूल जाता हूँ,
वह मुस्कराता है।

जब मैं दो बार खुदा की याद करना भूल जाता हूँ,
वह हँस पड़ता है।

जब मैं तीन बार खुदा की याद करना भूल जाता हूँ,
वह रो पड़ता है।

वह प्यार से मुस्कराता है; क्योंकि मैं लाचार हूँ।
वह पूर्णतः हँस पड़ता है; क्योंकि मैं निराश हूँ।
वह दिल से रो पड़ता है; क्योंकि मैं बेशरम हूँ।

जब मैं एक बार खुदा की याद करता हूँ,
वह मुझे आशीष देता है।
जब मैं दो बार खुदा की याद करता हूँ,
वह मुझे दुलराता है।
जब मैं तीन बार खुदा की याद करता हूँ,
वह मुझे गले लगाता है।

वह मुझे आशीष देता है–यह मेरा आकांक्षा का जीवन है।
वह मुझे दुलराता है–यह मेरा सिद्धि का जीवन है।
वह मुझे गले लगाता है–यह मेरा आविर्भाव का जीवन है।

हिन्दी रूपान्तर : डॉ. पी. जयरामन

IS MY GOD COMPLETE?
IS MY GOD PERFECT?
IS MY GOD FULFILLED?

O, my God, are You complete?
"No, I am not."

Why are You not complete?
"Perhaps you are the cause."

O, my God, are You perfect?
"No, I am not."

Why are You not perfect?
"Perhaps you are the cause."

O, my God, are You fulfilled?
"No, I am not."

Why are You not fulfilled?
"Perhaps you are the cause."

My God, You are a very clever God.
You put the entire blame on me.

All right; I accept.
Now, tell me,
How can I make You complete?
How can I make You perfect?
How can I fulfil You?

"To make Me complete, My child,
Give Me your heart of heartful love.

"To make Me perfect, My child,
Give Me your life of lifeless ignorance.

"To fulfil Me, My child,
Give Me your soul of soulful promise."

Songs of the Soul, page 81

क्या मेरा ख़ुदा पूर्ण है? क्या मेरा ख़ुदा सही है? क्या मेरा ख़ुदा परितुष्ट है?

या मेरे ख़ुदा, क्या तुम पूर्ण हो?
नहीं, मैं नहीं।
क्यों तुम पूर्ण नहीं हो?
शायद तुम कारण हो।

या मेरे ख़ुदा, क्या तुम सही हो?
नहीं, मैं नहीं।
क्यों तुम सही नहीं हो?
शायद तुम कारण हो।

या मेरे ख़ुदा, क्या तुम परितुष्ट हो?
नहीं, मैं नहीं।
क्यों तुम परितुष्ट नहीं हो?
शायद तुम कारण हो।

मेरे ख़ुदा, तुम बड़े होशियार हो।
सारा दोष मुझपर मढ़ देते हो।
ठीक है, मैं मानता हूँ।
अब बताओ।
मैं तुम्हें कैसे पूर्ण बनाऊँ?
मैं तुम्हें कैसे सही बनाऊँ?
मैं तुम्हें कैसे परितुष्ट करूँ?

मेरे बच्चे, मुझे पूर्ण बनाने के लिए
अपना प्यार भरा दिल दे दो।
मेरे बच्चे, मुझे सही बनाने के लिए
अपना निर्जीव अज्ञान भरा जीवन दे दो।
मेरे बच्चे, मुझे परितुष्ट करने के लिए
अपनी सम्पूर्ण विश्वासयुक्त आत्मा दे दो।

हिन्दी रूपान्तर : डॉ. पी. जयरामन

NO ONE BUT YOU

My Lord Supreme,
    No one but You
Will hear my heart's gratitude-song.
    No one but You
Will watch my soul's surrender-dance.
    No one but You
Will transform my dream-life
Into Your own Reality-Heart.

Ten Thousand Flower-Flames, Part 100, no. 9901

तेरे सिवा कोई नहीं!

मेरे महान परम पिता!
केवल तुम, केवल तुम!
मेरे अन्तरतम की कृतज्ञता का गीत
कौन सुनेगा तेरे सिवा?

मेरे महान अनन्य!
मेरी आत्मा का समर्पण-नृत्य
कौन देखेगा तेरे सिवा?

मेरे स्वप्निल जीवन को
तेरे अपने सत्यमय अन्तर में
कौन परिणत करेगा
तेरे सिवा?

हिन्दी रूपान्तर : डॉ. पी. जयरामन

GIVE ME A LARGE HEART

My Lord,
Give me a large heart
So that I can treasure
Your rich Smiles.

My Lord,
Give me a pure life
So that I can discover
The fountain of Your infinite Delight.

Ten Thousand Flower-Flames, Part 100, no. 9902

दे मुझे विशाल हृदय

प्रभु मेरे!
मुझे विशाल हृदय दे
जिससे कि मैं तेरी अनमोल मुस्कानों को
उसमें समा लूँ।

प्रभु मेरे!
मुझे पवित्र जीवन दे
जिससे कि मैं तेरे अमर आनन्द के स्रोत को
खोज सकूँ,
प्रभु मेरे!

हिन्दी रूपान्तर : डॉ. पी. जयरामन

I FORESEE A HOPELESS BATTLE

I foresee a hopeless battle
    Inside you
Between your mind and your heart.
Your mind wants to poison your heart
    So it cannot pray to God.
Your heart wants to unburden your mind
    So it will not put unnecessary
And unwanted pressure on the heart.
Indeed, this will be a hopeless battle.
God alone knows whether either party
    Is going to win.

Twenty-Seven Thousand Aspiration-Plants, Part 7, no. 623

एक अर्थहीन संघर्ष का पूर्वाभास पाता हूँ

मैं तेरे भीतर
तेरे मन और मस्तिष्क के बीच
एक अर्थहीन संघर्ष का पूर्वाभास पाता हूँ।

तेरा मस्तिष्क तेरे मन को विषाक्त
कर देना चाहता है
ताकि वह भगवान से प्रार्थना न कर सके।

तेरा मन तेरे मस्तिष्क को भारमुक्त
कर देना चाहता है
ताकि वह मन पर अनावश्यक,
अनचाहा दबाव न डाल सके!

ज़रूर यह तो अर्थहीन संघर्ष है ही;
सिर्फ़ भगवान जानता है,
इनमें से क्या कोई भी जीत पायेगा।

हिन्दी रूपान्तर : डॉ. पी. जयरामन

WHEN I STAND

When I stand
In front of divine eyes,
I become nervous
Because they are so powerful.

When I stand
In front of human eyes,
I become jealous
Because they are so beautiful.

When I stand
In front of God's Eyes,
I become pious
Because they are so pure.

Lord, Receive This Little Undying Cry, page 32

जब मैं खड़ा होता हूँ

जब मैं खड़ा होता हूँ
दैवी दृष्टि के सामने
मैं अधीर हो जाता हूँ
क्योंकि वह बहुत ओजस्वी है।

जब मैं खड़ा होता हूँ
मानवीय दृष्टि के सामने,
मैं ईर्ष्यावान हो जाता हूँ
क्योंकि वह बहुत सुन्दर है।

जब मैं खड़ा होता हूँ
भगवान की दृष्टि के सामने,
मैं पावन हो जाता हूँ,
क्योंकि वह बहुत ही पवित्र है।

हिन्दी रूपान्तर : डॉ. पी. जयरामन

WHO NEVER SMILES? WHO NEVER CRIES?

Who never smiles?
You? Not true.
I have seen you smile
Inside the Heart of God,
At the Feet of God.

Who never cries?
You? Not true.
I have seen you cry
Inside the earth-hunger-heart,
At the thunderous destruction-feet of earth.

Lord, Receive This Little Undying Cry, page 61

कौन कभी नहीं मुस्कराता? कौन कभी नहीं रोता?

कौन कभी नहीं मुस्कराता?
तुम? नहीं, यह सच नहीं,
मैंने तुम्हें
भगवान के अन्तर में—
उसके चरणों पर
मुस्कराता हुआ देखा है।

कौन कभी नहीं रोता?
तुम? नहीं, यह सच नहीं,
मैंने तुम्हें
धरती की भूख पर—
पृथ्वी के घोर विनाश पर
रोता हुआ देखा है।

हिन्दी रूपान्तर : डॉ. पी. जयरामन

THE ETERNAL MASTER

I do not know
Who I am.
I do not know
Why I am not another God.
But I do know
That I can really love and serve God
If I want to.
From now on
Let me love God,
My eternal Beloved,
And serve God,
My eternal Master.

Lord, Receive This Little Undying Cry, page 73

शाश्वत स्वामी

मुझे मालूम नहीं कि
मैं कौन हूँ।
मुझे मालूम नहीं कि
मैं क्यों दूसरा ईश्वर नहीं हूँ।

पर मुझे मालूम है कि
मैं सचमुच भगवान से प्यार
कर सकता हूँ।
और उसकी सेवा कर सकता हूँ
गर मैंने चाहा।
अब से मैं ईश्वर को–
अपने शाश्वत प्रियतम को प्यार करूँ
और
अपने शाश्वत स्वामी की सेवा करूँ।

हिन्दी रूपान्तर : डॉ. पी. जयरामन

TWO INVENTORS

God invented heart.
    Man invented fear.
Why do we say that
Man is inferior to God?

God invented mind.
    Man invented doubt.
Why do we say that
God is superior to man?

God created life.
    Man created death.
Why do we not say that
    Both are equal?

Lord, Receive This Little Undying Cry, page 101

दो आविष्कारक

खुदा ने दिल का आविष्कार किया,
इनसान ने भय का आविष्कार किया;
फिर हम क्यों कहते हैं कि
इनसान खुदा से कम दर्जे का है।

खुदा ने मस्तिष्क का आविष्कार किया,
इनसान ने शक का आविष्कार किया;
फिर हम क्यों कहते हैं कि
खुदा इनसान से ऊँचा है।

खुदा ने जीवन का निर्माण किया;
इनसान ने मृत्यु की सृष्टि की।
फिर हम क्यों नहीं कहते कि
दोनों बराबर हैं।

हिन्दी रूपान्तर : डॉ. पी. जयरामन

EVERYBODY CALLS ME MAD

Everybody calls me mad.
Am I really mad then?
Tell me, Mother, is there anybody
Who is not mad in Your Eyes,
    In Your vast world?
I am ready to be known as a foolish
    And mad fellow
As long as You will place me on Your Lap.
There I shall become another Christ
And another Buddha of compassion-illumination.

Lord, Receive This Little Undying Cry, page 273

हर कोई मुझे पागल कहता है

हर कोई मुझे पागल कहता है
क्या मैं सचमुच पागल हूँ?
कहो मेरी माँ!
तुम्हारी नज़रों में—
तुम्हारी विशाल दुनिया में
कोई भी ऐसा है जो पागल नहीं है।

माँ मेरी
जब तक तुम अपनी गोद में मुझे स्थान दोगी
कोई बात नहीं कि दुनिया
मुझे मूर्ख और पागल कह ले
क्योंकि तब मैं
करुणा और ज्ञान का अवतार
दूसरा ईसा और
बुद्ध बन सकूँगा।

हिन्दी रूपान्तर : डॉ. पी. जयरामन

SRI CHINMOY SUTRAS

श्री चिन्मय सूत्र

    Expectation
Is the beginning of temptation
In the outer life.
    Dedication
Is the beginning of satisfaction
In the inner life.

Twenty-Seven Thousand Aspiration-Plants, Part 7, no. 608

अपेक्षा
है बाह्य जीवन के प्रति
आकर्षक की शुरुआत।
समर्पण
है आन्तरिक जीवन के प्रति
सन्तोष का प्रारम्भ।

हिन्दी रूपान्तर : डॉ. पी. जयरामन

Many are the follies of the mind.
But when it cherishes
Its own ignorance-reflection,
That is the beginning
Of its spiritual extinction.

Twenty-Seven Thousand Aspiration-Plants, Part 125, no. 12,402

मन की अनेक खामियाँ हैं
पर वह जब अपने अज्ञान-जनित
प्रतिबिम्ब को महत्त्व देता है
तभी उसका आध्यात्मिक ह्रास होता है।

हिन्दी रूपान्तर : डॉ. पी. जयरामन

Keep away
From anxiety-horizons.
Then you will never see
Thick worry-clouds.

Twenty-Seven Thousand Aspiration-Plants, Part 125, no. 12,403

उत्सुकता क्षितिज है,
उससे दूर रहो,
फिर तुम कभी
घनी चिन्ता के बादलों को
नहीं पाओगे।

हिन्दी रूपान्तर : डॉ. पी. जयरामन

Give, give,
As long as you live!
And what should you give?
Your world-dedication-smile.

Twenty-Seven Thousand Aspiration-Plants, Part 125, no. 12,408

दे, तब तक देता जा
जब तक तू जीता है।
क्या देना है?
विश्व के प्रति समर्पण की अपनी मुस्कान।

हिन्दी रूपान्तर : डॉ. पी. जयरामन

Every day a secret
    And sacred conversation
Takes place between Heaven's smile
    And earth's cry.

Twenty-Seven Thousand Aspiration-Plants, Part 125, no. 12,427

हर दिन
स्वर्ग की मुस्कान और
धरती की पुकार के बीच
गुप्त और पावन संवाद होता है।

हिन्दी रूपान्तर : डॉ. पी. जयरामन

Who loves God most?
He who never expects
Anything from God —
No, not even his dreams!

Twenty-Seven Thousand Aspiration-Plants, Part 125, no. 12,431

कौन ईश्वर से सबसे ज़्यादा
प्यार करता है?
वह जो कभी ईश्वर से
कोई अपेक्षा नहीं करता;
उसकी कल्पनाओं की भी माँग नहीं करता।

हिन्दी रूपान्तर : डॉ. पी. जयरामन

Doubt, insecurity
    And impurity
Are the three prime
Spiritual death symptoms.

Twenty-Seven Thousand Aspiration-Plants, Part 125, no. 12,436

सन्देह, अविश्वास
और अपवित्रता
ये हैं आध्यात्मिक मृत्यु के
तीन संकेत।

हिन्दी रूपान्तर : डॉ. पी. जयरामन

My Lord is always tired
    Of hearing my mind's sad news,
But He is never tired
    Of hearing my heart's good news.

Twenty-Seven Thousand Aspiration-Plants, Part 125, no. 12,438

मेरा खुदा मेरे मन के
दुखद समाचार बार-बार सुनकर
थक गया है।
पर
वह मेरे हृदय के
सुखद समाचार सुनने से
कभी नहीं थकता।

A spiritual king is he
Who is the possessor
    Of an empty mind
And a full heart.

Twenty-Seven Thousand Aspiration-Plants, Part 125, no. 12,448

आध्यात्मिक शासक वह है
जिसका मस्तिष्क खाली है
और हृदय भरा है।

हिन्दी रूपान्तर : डॉ. पी. जयरामन

To transform human love
Into divine love
A humility-heart
Is of paramount importance.

Twenty-Seven Thousand Aspiration-Plants, Part 125, no. 12,486

मानवीय प्यार को
दैवी प्यार में बदलने के लिए
विनयशील हृदय परम आवश्यक है।

हिन्दी रूपान्तर : डॉ. पी. जयरामन

God sees no difference
Between my outer life's pride
And my inner life's poverty.

Twenty-Seven Thousand Aspiration-Plants, Part 125, no. 12,491

भगवान मेरे बाह्य जीवन के अभिमान
और आन्तरिक जीवन के खालीपन
के बीच
कोई अन्तर नहीं देखता।

हिन्दी रूपान्तर : डॉ. पी. जयरामन

When morning dawns,
I tell God:
"My Lord, I love
Your Beauty's soulful Dream."

When evening sets in,
I tell God:
"My Lord, I adore
Your Duty's fruitful Reality."

Twenty-Seven Thousand Aspiration-Plants, Part 125, no. 12,500

जब सुबह आती है,
मैं खुदा से कहता हूँ;
"मेरे मालिक, मैं
तेरे खूबसूरत रूहानी ख्वाब से
प्यार करता हूँ।"

जब शाम आती है,
मैं खुदा से कहता हूँ;
"मेरे मालिक, मैं
तेरे कर्म की सफल सच्चाई की
इबादत करता हूँ।"

हिन्दी रूपान्तर : डॉ. पी. जयरामन

What I desperately need
Is not an old mind
But a gold heart.

Twenty-Seven Thousand Aspiration-Plants, Part 129, no. 12,803

मैं बड़ी बेताबी से
पुराने मस्तिष्क की नहीं,
बल्कि
स्वर्णिम हृदय की कामना करता हूँ।

हिन्दी रूपान्तर : डॉ. पी. जयरामन

Not my self-styled competence
But my helplessness-heart
Will be a candidate
For God's Compassion-Light.

Twenty-Seven Thousand Aspiration-Plants, Part 129, no. 12,804

मेरी तथाकथित सामर्थ्य नहीं,
बल्कि मेरा विवश हृदय
भगवान की प्रकाशमय सहानुभूति की
माँग करेगा।

With your mind you can at best
    Journey into fantasy,
But with your heart you can definitely
    Journey into ecstasy.

Twenty-Seven Thousand Aspiration-Plants, Part 129, no. 12,805

तुम अपने मानस से शायद
स्वप्न-लोक की यात्रा कर सको;
पर अपने हृदय से तुम ज़रूर
भाव-समाधि के क्षेत्र की यात्रा कर सकते हो।

हिन्दी रूपान्तर : डॉ. पी. जयरामन

If you are a seeker
And yet do not care
For a simplicity-mind
    And a purity-heart,
Then you will be forced to live
    Inside frustration-nightmare.

Twenty-Seven Thousand Aspiration-Plants, Part 129, no. 12,806

यदि तुम जिज्ञासु हो,
फिर भी सरल मन और
विशुद्ध हृदय की परवाह नहीं करते
तो तुम्हें भयावह कुंठा के साथ
जीना होगा।

हिन्दी रूपान्तर : डॉ. पी. जयरामन

An endless desire-mind
Is nothing short of
A sad chapter in life.

Twenty-Seven Thousand Aspiration-Plants, Part 129, no. 12,807

अनन्त इच्छाओं से भरा मन
जीवन के दुखद अध्याय से
कम नहीं है।

हिन्दी रूपान्तर : डॉ. पी. जयरामन

The mind-leadership makes me feel
    That I am exceptionally great.
The heart-leadership makes me feel
    That God is supremely proud of me.

Twenty-Seven Thousand Aspiration-Plants, Part 129, no. 12,808

मस्तिष्क का नेतृत्व मुझे यह महसूस कराता है
कि मैं बहुत ही अधिक महान हूँ।
पर, हृदय का नेतृत्व यह महसूस कराता है
कि भगवान को मेरे बारे में अत्यन्त गर्व है।

हिन्दी रूपान्तर : डॉ. पी. जयरामन

With a tireless self-giving,
We can see the arrival
    Of our Beloved Supreme
At our heart's aspiration-door.

Twenty-Seven Thousand Aspiration-Plants, Part 129, no. 12,815

अगर हम निरन्तर निज को
अर्पित करते रहें
तो हम अपने हृदय की आकांक्षा के द्वार पर
अपने महान प्रियतम को
उपस्थित देख सकते हैं।

हिन्दी रूपान्तर : डॉ. पी. जयरामन

Your own unhorizoned greatness
Will help you appreciate
The freedom of the birds.
Your own infinite goodness
Will help you enjoy
The flight of the birds.

Twenty-Seven Thousand Aspiration-Plants, Part 129, no. 12,817

तुम अपनी भरी-पूरी महानता के कारण
पक्षियों की मुक्ति की सराहना कर सकोगे।
पर तुम अपनी असीम अच्छाई के कारण
पक्षियों की उड़ान पर प्रसन्न हो सकोगे।

हिन्दी रूपान्तर : डॉ. पी. जयरामन

I may not know
Where my mind of simplicity is,
But I do know
Where my heart of sincerity eternally is.
It is inside the Compassion-Eye
Of my Lord Supreme.

Twenty-Seven Thousand Aspiration-Plants, Part 129, no. 12,819

मुझे शायद पता न हो कि
कहाँ मेरा सीधा-सादा मन रहता है;
पर मैं यह जानता हूँ कि
शाश्वत निष्ठा से भरा मेरा हृदय
मेरे महान मालिक की
सहानुभूति-दृष्टि के भीतर विद्यमान है।

The mind thinks
That the heart is stupid.
The heart feels
That the mind can be made better.

Twenty-Seven Thousand Aspiration-Plants, Part 129, no. 12,820

मन सोचता है कि
हृदय बेवक़ूफ़ है।
पर हृदय महसूस करता है कि
मन को बेहतर किया जा सकता है।

हिन्दी रूपान्तर : डॉ. पी. जयरामन

A mind without doubt
    Is indeed
A colossal surprise.

Twenty-Seven Thousand Aspiration-Plants, Part 129, no. 12,821

शंकाविहीन मन
वास्तव में
एक विराट अजूबा है।

हिन्दी रूपान्तर : डॉ. पी. जयरामन

My heart's peace-temple
Is always open
To all.

Twenty-Seven Thousand Aspiration-Plants, Part 129, no. 12,825

मेरे हृदय का शान्ति-मन्दिर
सबके लिए
हमेशा खुला है।

हिन्दी रूपान्तर : डॉ. पी. जयरामन

One God in the heart
Is infinitely more important
Than an infinite number of gods
    In the mind.

Twenty-Seven Thousand Aspiration-Plants, Part 129, no. 12,830

हृदय-मन्दिर में आसीन एक भगवान
मस्तिष्क में बसे असीम ईश्वरों से
ज़्यादा महत्त्वपूर्ण है।

हिन्दी रूपान्तर : डॉ. पी. जयरामन

I have done it,
I have finally done it!
I have silenced the nightmare
    Of the ruthless past.

Twenty-Seven Thousand Aspiration-Plants, Part 129, no. 12,831

मैंने यह काम कर दिया है;
अन्ततः मैंने कर ही दिया है;
मैंने निष्ठुर अतीत के
दुःस्वप्न को खामोश कर दिया है।

Because you are
A true God-lover,
You can easily leap
Over the future's fence.

Twenty-Seven Thousand Aspiration-Plants, Part 129, no. 12,832

क्योंकि तू
खुदा का सच्चा आशिक है,
इसलिए तू
भविष्य के घेरे को
पार कर सकता है।

हिन्दी रूपान्तर : डॉ. पी. जयरामन

You can escape from me,
But you cannot escape
My heart's fragrance-smile.

Twenty-Seven Thousand Aspiration-Plants, Part 129, no. 12,833

तू मुझसे बच सकता है;
पर तू मेरे अन्तर की
सुगन्धित मुस्कान से नहीं बच सकता।

हिन्दी रूपान्तर : डॉ. पी. जयरामन

You will not be able
To do anything great
Either for yourself
    Or for mankind
If you keep depression and frustration
    As your bodyguards.

Twenty-Seven Thousand Aspiration-Plants, Part 129, no. 12,835

अगर तुम अवसाद और कुंठा को
हमेशा अपने साथ रखो तो
अपने लिए
या मानव जाति के लिए
कोई भी महान कार्य नहीं कर सकोगे।

Temptation:
A quick, cruel and inescapable
Destruction-dance.

Twenty-Seven Thousand Aspiration-Plants, Part 129, no. 12,840

आकर्षण है
त्वरित, भयावह और अपरिहार्य
विनाश-तांडव।

हिन्दी रूपान्तर : डॉ. पी. जयरामन

To outsmart your ignorance-opponent,
You need a permanent friendship
With God's Compassion-Eye.

Twenty-Seven Thousand Aspiration-Plants, Part 129, no. 12,841

अपने अज्ञान-शत्रु को
हराने के लिए तुझे सर्वदा
भगवान की कृपा-दृष्टि की ज़रूरत है।

हिन्दी रूपान्तर : डॉ. पी. जयरामन

What I constantly need
Is a doubt-free faith-mind.
What I sleeplessly need
Is a fear-free happiness-heart.

Twenty-Seven Thousand Aspiration-Plants, Part 129, no. 12,842

मुझे बराबर चाहिए
सन्देह-मुक्त विश्वासी दिल;
मुझे निरन्तर चाहिए
भय-मुक्त सन्तुष्ट हृदय।

हिन्दी रूपान्तर : डॉ. पी. जयरामन

Each ennobling thought
Marks humanity's
Evolution-progress.

Twenty-Seven Thousand Aspiration-Plants, Part 129, no. 12,845

प्रत्येक परिष्कृत विचार
मानवता के विकास एवं
प्रगति का सूचक है।

Reality is ruthless:
    So says my mind.
Reality is spotless:
    So says my heart.

Twenty-Seven Thousand Aspiration-Plants, part 129, no. 12,849

मेरा मन कहता है कि
वास्तविकता बेरहम है।
पर मेरा हृदय कहता है कि
वास्तविकता निर्मल है।

हिन्दी रूपान्तर : डॉ. पी. जयरामन

Every morning
My Lord Supreme enters
    Into my heart-nest
Smiling and dancing,
    With a lotus in His Hand.

Twenty-Seven Thousand Aspiration-Plants, Part 129, no. 12,850

हर सबेरे
मेरे परम पिता
हाथ में कमल का पुष्प लिये
मुस्कराते हुए, नाचते हुए
मेरे हृदय-नीड़ में प्रवेश करते हैं।

हिन्दी रूपान्तर : डॉ. पी. जयरामन

Who am I?
I am my Master's
    Sorrowful sigh.
What shall I become?
I shall become my Master's
    Satisfaction-child
        Before I die.

Twenty-Seven Thousand Aspiration-Plants, Part 129, no. 12,854

मैं कौन हूँ?
मैं हूँ अपने मालिक की
व्यथामय आह।
मैं क्या बनूँगा?
मैं बनूँगा मरने के पहले
अपने मालिक का सन्तोष-शिशु।

हिन्दी रूपान्तर : डॉ. पी. जयरामन

My Lord,
Do make my mind divinely brave
And my heart supremely brave,
So that I do not feel sad
When the world eagerly watches
The disintegration of my success-life.

Twenty-Seven Thousand Aspiration-Plants, Part 129, no. 12,864

मेरे मालिक,
मेरे मन को दैवी शक्ति से भर दो;
और मेरे हृदय को बहुत ही सशक्त बना दो
ताकि जब दुनिया मेरे सफल जीवन के
विघटन को उत्सुकता से देखती है,
तब मैं उदास न हो पाऊँ।

हिन्दी रूपान्तर : डॉ. पी. जयरामन

There shall come a time
When each and every human being
Will enjoy the bright burst
    Of oneness-delight.

Twenty-Seven Thousand Aspiration-Plants, Part 129, no. 12,897

एक समय आयेगा
जब हर इनसान
एकात्मता के आनन्द की प्रकाशमय बाढ़ का
आस्वादन करेगा।

हिन्दी रूपान्तर : डॉ. पी. जयरामन

If you can sincerely feel
That you are the owner of nothing,
Then to God you will be everything.

Twenty-Seven Thousand Aspiration-Plants, Part 129, no. 12,899

अगर तुम निष्ठा से सोचो कि
तुम्हारा अपना कुछ नहीं है,
तो भगवान के लिए सब कुछ हो जाओगे।

हिन्दी रूपान्तर : डॉ. पी. जयरामन

What will happen, my Lord,
If I make my mind prayerful?
"I shall love you more."

What will happen, my Lord,
If I make my heart soulful?
"I shall need you more."

Twenty-Seven Thousand Aspiration-Plants, Part 129, no. 12,900

मेरे मालिक,
अगर मैं अपने मन को प्रार्थनामय बना लूँ
तो क्या होगा?
"मैं तुझसे ज़्यादा प्यार करूँगा।"
मेरे मालिक,
अगर मैं अपने हृदय को भावपूर्ण बना लूँ
तो क्या होगा?
"मुझे तेरी ज़्यादा ज़रूरत होगी।"

My Lord,
I need only one thing from You.
I need to be soulfully, lovingly
And perpetually
The willing prisoner
Of Your Heart's Oneness-Love.

Twenty-Seven Thousand Aspiration-Plants, Part 135, no. 13,401

मेरे मालिक,
मुझे आपसे एक ही चीज़ चाहिए;
मैं चाहता हूँ कि मैं अनन्त काल तक
स्वेच्छा से
आपके अन्तर के एकात्म भाव-प्यार का
स्नेहिल और भावपूर्ण
बन्दी बना रहूँ।

हिन्दी रूपान्तर : डॉ. पी. जयरामन

The flames of inner faith
    Are so beautiful to look at
And so lovely to play with.
They always make us feel
That we belong to a higher world
    And a deeper world.

Twenty-Seven Thousand Aspiration-Plants, Part 135, no. 13,403

आन्तरिक विश्वास की लौ
देखने में इतनी खूबसूरत है और
खेलने के लिए इतनी प्यारी है कि
वह हमें हमेशा यह महसूस कराती है
कि हम अधिक ऊँचे
और गहरे विश्व के हैं।

हिन्दी रूपान्तर : डॉ. पी. जयरामन

May each day be
My God-expectation-day
    And
My ignorance-cancellation-day.

Twenty-Seven Thousand Aspiration-Plants, Part 135, no. 13,404

हर दिन
मेरे लिए
भगवान की प्रतीक्षा का दिन हो
और अपने अज्ञान निवारण का भी दिन हो।

Friendship lovingly begins
And oneness fruitfully completes
    The game divine.

Twenty-Seven Thousand Aspiration-Plants, part 135, no. 13,406

दोस्ती आत्मीयता से शुरू करती है
एकात्मता सफलता से पूर्ण करती है
दैवी लीला को।

हिन्दी रूपान्तर : डॉ. पी. जयरामन

My mind's long-standing doubts
Were finally dissolved.
    How?
By my heart's ecstasy-tears.

Twenty-Seven Thousand Aspiration-Plants, Part 135, no. 13,407

मेरे मन की दीर्घकालीन शंकायें
अन्त में
मेरे हृदय के उल्लासमय आँसुओं में
विलीन हो गयीं।

हिन्दी रूपान्तर : डॉ. पी. जयरामन

Now that you are a sincere seeker,
You are willing to tell
    The whole world
That truth is not your sole monopoly.

Twenty-Seven Thousand Aspiration-Plants, part 135, no. 13,410

चूँकि तुम सच्चे जिज्ञासु हो
इसलिए
सारी दुनिया को यह कहना चाहते हो कि
सत्य पर तुम्हारा मात्र एकाधिकार नहीं है।

हिन्दी रूपान्तर : डॉ. पी. जयरामन

God will open the flood-gate
    Of His Divinity
If you just open
    Your heart's humility-window.

Twenty-Seven Thousand Aspiration-Plants, Part 135, no. 13,412

अगर तुम अपने विनम्र हृदय की
खिड़की ज़रा खोल दो तो
भगवान अपने दैवत्व का
भारी दरवाज़ा खोल देंगे।

हिन्दी रूपान्तर : डॉ. पी. जयरामन

Only one question God likes
    To hear from me:
"When am I going to realise You?
    When?"

Twenty-Seven Thousand Aspiration-Plants, Part 135, no. 13,419

खुदा मुझसे एक ही सवाल
सुनना चाहता है;
"कब मैं तुझे पूर्णतः समझूँ?"

८

My Lord, there is only one way
You can hasten my transformation-life:
By chastening my unruly mind!

Twenty-Seven Thousand Aspiration-Plants, Part 135, no. 13,425

मेरे मालिक,
मेरे जीवन में सम्पूर्ण परिवर्तन लाने के लिए
एक ही रास्ता है—
मेरे बेकाबू मन को जल्दी काबू में लाया जाए।

God tells us not to read the story
    Of humanity's bondage,
But to sing the song
    Of humanity's freedom.

Twenty-Seven Thousand Aspiration-Plants, Part 135, no. 13,431

खुदा हमसे कहता है कि
हम मानवता के बन्धन की कहानी न पढ़ें,
बल्कि
मानवता की मुक्ति का गीत गायें।

हिन्दी रूपान्तर : डॉ. पी. जयरामन

God's Heart can tolerate anything
Except the breathless tears
    Of His seeker-children.

Twenty-Seven Thousand Aspiration-Plants, Part 135, no. 13,433

खुदा हर चीज़ को बरदाश्त कर सकता है;
पर अपने जिज्ञासु बच्चों के
निर्जीव आँसुओं को
बरदाश्त नहीं कर सकता।

हिन्दी रूपान्तर : डॉ. पी. जयरामन

If you can remain unspoiled
By your success-life,
God will definitely multiply
Your progress-life.

Twenty-Seven Thousand Aspiration-Plants, Part 135, no. 13,439

अगर तुम्हें अपनी सफलता का
अभिमान नहीं हो तो
भगवान ज़रूर तुम्हारी प्रगति को
कई गुना बढ़ा देंगे।

हिन्दी रूपान्तर : डॉ. पी. जयरामन

God does not have to convince you
    Of His Existence.
You just convince yourself
That you came into the world
To do something great
    And be something good.

Twenty-Seven Thousand Aspiration-Plants, Part 135, no. 13,445

भगवान को इस बात की ज़रूरत नहीं कि
वे तुम्हें अपने अस्तित्व का विश्वास दिलायें
सिर्फ़ तुम अपने आपको
इस बात से आश्वस्त कर लो कि
तुम इस दुनिया में आये हो
कुछ महान कार्य करने के लिए
और कुछ अच्छा बनने के लिए।

If you are truly dedicated,
Then your aspiration
Can never be complicated.
It has to be as bright as a star
And as direct as a sunlit road.

Twenty-Seven Thousand Aspiration-Plants, Part 135, no. 13,500

गर तू वास्तव में समर्पित है
तो तेरी आकांक्षा कभी जटिल
नहीं हो सकती;
उसे हमेशा सितारे की तरह चमकता हुआ
और सूर्य-रश्मि से भासित पथ की भाँति
बिल्कुल सीधा होना चाहिए।

हिन्दी रूपान्तर : डॉ. पी. जयरामन

DR. P. JAYARAMAN

Biographical Information about the Scholar and Translator of "Sri Chinmoy Kavya"

A scholar in Sanskrit, Hindi and Tamil literature; Dedicated to the ideal of unity of Indian culture and literature; Involved in teaching for eighteen years earlier in his career; Worked in the Reserve Bank of India in a managerial capacity, promoting, propagating and clarifying Indian languages, particularly Hindi, within the banking system, greatly benefiting Indian society; Founded the Branch of Bharatiya Vidya Bhavan, USA in New York, in 1980 and attended to the propagation and promotion of Indian culture, tradition, philosophy, languages, literature and arts in America until 2007; Currently involved in teaching.

Educational Qualifications: M.A. (Sanskrit and Hindi); Ph.D.; D. Litt.

Major Publications

1. *A Comparative Study of Poetic Works by poets Subramania Bharati and Suryakant Tripathi Nirala* (Ph.D. Thesis)
2. *Kavisri Bharati* (Hindi version of selected poems of Subramania Bharati)
3. *Purananooru* (ancient Tamil literary work) ki Kathayen
4. Hindi translation of Tamil Novel *Chittirap Pavai* by the late Akhilan under the title *Chitrit Pratima* (Published by National Book Trust)
5. *Tamil-Hindi Swayam Sikshak* (Published by Central Hindi Directorate)
6. *Sri Chinmoy Kavya* (Hindi translation of selected English poems by Yogi Sri Chinmoy)
7. Edited books in English on Jain Religion, Swami Vivekananda and architects of Modern India, etc.

श्री चिन्मय काव्य के हिन्दी रूपान्तरकार डॉ. पी. जयरामन का संक्षिप्त परिचय

संस्कृत, हिन्दी एवं तमिल साहित्य के विद्वान; भारतीय संस्कृति तथा साहित्य की एकात्मता के प्रति समर्पित; अठारह वर्ष तक अध्ययन कार्य में रत; बैंकिंग क्षेत्र में जन-सामान्य के हित के लिए भारतीय भाषाओं, विशेषकर हिन्दी के प्रचार-प्रसार हेतु भारतीय रिज़र्व बैंक के प्रबंध तंत्र में सोलह वर्ष तक कार्यरत; 1980 में न्यू यार्क में भारतीय विद्या भवन की स्थापना कर 2007 तक अमेरिका में भारतीय संस्कृति, परम्परा, दर्शन, भाषा, साहित्य एवं कलाओं के प्रचार-प्रसार में संलग्न; सम्प्रति : शिक्षा कार्य में रत।

शैक्षणिक योग्यता : एम.ए. (संस्कृत तथा हिन्दी); पीएच.डी., डी.लिट्.

प्रमुख प्रकाशन :

1. कवि सुब्रमणिय भारती तथा सूर्यकांत त्रिपाठी निराला के काव्य का तुलनात्मक अध्ययन (पीएच.डी. का शोध प्रबन्ध)
2. कवि श्री भारती (सुब्रमणिय भारती की चुनी हुई कविताओं का हिन्दी रूपान्तर)
3. पुरनानूरु (प्राचीन तमिल काव्य) की कथाएँ
4. स्व. अखिलन के तमिल उपन्यास 'चित्तिरप्पावै' का हिन्दी रूपान्तर 'चित्रित प्रतिमा' के नाम से (नेशनल बुक ट्रस्ट द्वारा प्रकाशित)

8. *Silambu* A Tamil Drama based on ancient Tamil Epic Silappadhikaram
9. *Bhakti ke Aayaam* Vani Prakashan, New Delhi
10. *Sant Vani* A 10-volume project, of which eight volumes have thus far been published (Vani Prakashan Publication)
11. *A Course in Hindi* [Text Book for Hindi learners] (Vani Prakashan Publication)

Honors

Sahitya Vachaspati by Hindi Sahitya Sammelan, Prayag.

Sahitya Bhushan by Uttar Pradesh Hindi Sansthan, Honored by Central Hindi Institute, Agra (2006) for services to Hindi language and literature, Pravasi Bharatiya Samman by Government of India (2007).

Padma Shri Award by Government of India (2009).

Other Activities

Given talks over All India Radio, Madras and Bombay and Presented a fortnightly Hindi Magazine Program entitled Sanchayita over Television Center, Mumbai 1976 to 1980.

5. तमिल-हिन्दी स्वयं शिक्षक (के.हि. निदेशालय का प्रकाशन)
6. श्री चिन्मय काव्य (योगी श्री चिन्मय की चुनी हुई अंग्रेज़ी कविताओं का हिन्दी पद्य रूपान्तर)
7. जैन धर्म, स्वामी विवेकानन्द तथा आधुनिक भारत के निर्माताओं पर अंग्रेज़ी में सम्पादित ग्रन्थ
8. शिलम्बु (तमिल नाटक—प्राचीन तमिल काव्य शिलप्पधिकारम् पर आधारित)
9. भक्ति के आयाम; वाणी प्रकाशन, नयी दिल्ली
10. सन्त वाणी (दस खण्डों में), 8 खण्ड प्रकाशित हो चुके हैं, वाणी प्रकाशन, नयी दिल्ली
11. ए कोर्स इन हिन्दी, वाणी प्रकाशन, नयी दिल्ली

सम्मान : साहित्य वाचस्पति (हिन्दी साहित्य सम्मेलन, प्रयाग); साहित्य भूषण (उत्तर प्रदेश हिन्दी संस्थान); हिन्दी भाषा एवं साहित्य की सेवा के लिए केन्द्रीय हिन्दी संस्थान, आगरा द्वारा प्रदत्त सम्मान (2006); प्रवासी भारतीय सम्मान, भारत सरकार द्वारा प्रदत्त 2007; पद्मश्री, भारत सरकार द्वारा प्रदत्त (2009)।

अन्य सेवायें : आकाशवाणी, मद्रास एवं बम्बई में वार्ताकार तथा दूरदर्शन, बम्बई में 'संचयिता' के नाम से पाक्षिक पत्रिका-कार्यक्रमों के प्रस्तोता (1976 से 1980 तक)।

SRI CHINMOY
Biographical Information about the Poet

Sri Chinmoy was a seer poet first and foremost, inspiring peace, goodwill and harmony throughout the world. Being a modern renaissance-man, he used his creative works such as literature, music, art and lecture to foster the growth of inner peace and to spread the concept of Shanti to people from all walks of life, from all over the world. He has been widely recognized as a man of peace by leaders and world luminaries such as Mikhail Gorbachev, Madiba Nelson Mandela, L. Subramaniam, Ravi Shankar, Leonard Bernstein, Jane Goodall, Muhammad Ali, Carl Lewis and so many others.

Born in Bengal in 1931, Sri Chinmoy spent the early years of his life in South India immersed in studying spiritual disciplines and the humanities. He also excelled in several sports. He came to the United States in 1964, and from a New York base then established some 300 meditation centres in all parts of the world. He led an active life, demonstrating vividly that spirituality is not an escape from the world, but a powerful means of self-transformation and world-improvement.

Sri Chinmoy had offered hundreds of Peace Concerts, over 700 in fact, all over the world. He did not charge any fees for his concerts or meditations in his firm belief that peace is everyone's birthright.

In 1970, upon the strong encouragement and support of then Secretary-General U Thant, Sri Chinmoy began conducting twice-weekly meditation sessions for world peace at the United Nations and continued doing so for some 37 years.

Sri Chinmoy had also met with many religious leaders, including Pope Paul VI, Pope John Paul II, Mother Teresa, Archbishop Desmond Tutu, and Sufi leader Pir Vilayat Khan, numerous times through the years, in moments of shared peace.

कवि श्री चिन्मय : एक संक्षिप्त परिचय

श्री चिन्मय सर्वप्रथम ऐसे सर्वोत्कृष्ट द्रष्टा कवि थे जिन्होंने समग्र विश्व में शान्ति, सद्भावना और एकात्मता स्थापित की थी। वे ऐसे आधुनिक नवोत्थान व्यक्ति थे जिन्होंने साहित्य, संगीत, कला एवं व्याख्यान आदि अपनी सारी रचनात्मक विधाओं का उपयोग तमाम विश्व के नानाविध क्षेत्रों के लोगों में आन्तरिक शान्ति संवर्धित करने और शान्ति तत्व प्रचारित करने के लिए किया। मिकैल गोर्बचोव, मडिबा नेलसन मण्डेला, एल सुब्रमणियम, रवि शंकर, लियोनार्ड बर्नस्टाइन, जेन गुडाल, मुहम्मद अली, कार्ल लूइस और ऐसे अन्य अनेकों विश्व नेताओं और गण्यमान्य व्यक्तियों ने उनको शान्ति पुरुष के रूप में सम्मानित किया है।

बंगाल में 1931 में जन्मे श्री चिन्मय ने अपने जीवन के प्रारम्भिक वर्षों को दक्षिण भारत में आध्यात्मिक विषयों और मानविकी के अध्ययन में सम्पूर्णतः लगाया। उन्होंने विभिन्न खेल कूदों में भी उत्कर्ष प्राप्त किया। वे 1964 में अमेरिका आये और न्यू यार्क के अपने मुख्यालय से प्रारम्भ कर विश्व के सभी भागों में लगभग 300 ध्यान केन्द्रों की स्थापना की। उन्होंने अपने सक्रिय जीवन के द्वारा स्पष्टतः यह निरूपित किया है कि आध्यात्मिकता विश्व से पलायन नहीं; बल्कि आत्म रूपान्तर और विश्व उन्नति का सशक्त माध्यम है।

श्री चिन्मय ने सारे विश्व में सैकड़ों—वस्तुतः 700 से अधिक शान्ति संगीत कार्यक्रम प्रस्तुत किये हैं। उन्होंने अपने संगीत कार्यक्रमों और ध्यान सत्रों के लिए कभी कोई शुल्क नहीं लिया; क्योंकि उनको इस बात का दृढ़ विश्वास था कि शान्ति हर इनसान का जन्मसिद्ध अधिकार है।

सन् 1970 में संयुक्त राष्ट्र संघ के तत्कालीन महासचिव यू थांट के सशक्त प्रोत्साहन तथा समर्थन के साथ श्री चिन्मय ने संयुक्त राष्ट्र संघ में विश्व शान्ति के लिए सप्ताह में दो बार ध्यान सत्र चलाना शुरू किया और लगभग 37 वर्षों तक इस प्रकार के सत्र लगातार चलाते रहे।

श्री चिन्मय कई सालों से अनेकों बार शान्ति निर्माण के अपने अभियान में पोप पाल VI, पोप जान पाल II, मदर थेरेसा, आर्च बिशप डेसमांड टूटू और सूफी गुरु पीर विलायत खान जैसे कई धर्म नेताओं से भी मिले थे।

Sri Chinmoy's ennobling work and multi-faceted activities have helped to increase humanity's awareness of the need to work together towards global cooperation and oneness. In this way, he has helped unite thousands of people from all faiths and from all fields, to share their collective aspirations for a better world.

Sri Chinmoy was a recipient of numerous prestigious awards such as the Gold Papal Seal from Pope Paul VI, and the Nehru Medallion presented by UNESCO, Paris in 1995. He received jointly, with Martin Luther King's wife Coretta Scott King, the Mahatma Gandhi Universal Harmony Award from the Bharatiya Vidya Bhavan USA in 1994 on Mahatma Gandhi ji's 125th birth anniversary. He also received the "Vishwa Sama Duta" (Ambassador of Universal Peace Award) from the Asgiriya Order of Buddhist Monks of Sri Lanka, The United Nations Silver Medallion from the UN Secretary-General in 1976, and an honour from The Pluralism Project at Harvard University in 2000. He was honoured with the Mother Teresa Award from the President of Macedonia in 2001, and the Pellegrino di Pace (Peace Pilgrim Award) awarded by the International Centre for Peace Among the People, based in Assisi, presented by President Gianfranco Costa in Rome in 1998. He had also received several honorary degrees.

Sri Chinmoy is a Karma Yogi spreading tirelessly India's message of love, peace and harmony everywhere. He is a Bhakti Yogi ever striving to help bring out the innate Divinity in man. He is also a Jnana Yogi being an authentic commentator on the Upanishads, Brahma Sutras and the Bhagavad Gita. He is a Nada Yogi too, who embodies Indian aesthetics at its noblest and elevates it to sublime spirituality. Sri Chinmoy is a synonym for Universal Harmony, Understanding and Peace.

-2014

श्री चिन्मय के महान कार्यों और विभिन्न प्रकार की गतिविधियों के कारण मानव समुदाय में यह चेतना बढ़ सकी है कि विश्व सहयोग और एकीकरण के लिए मिलकर काम करने की आवश्यकता है। इस प्रकार उन्होंने विभिन्न धर्मों और सभी क्षेत्रों के हजारों लोगों को एक साथ लाने में सहायता पहुँचायी है जिससे कि वे अपनी सामूहिक आकांक्षाओं को एक बेहतर दुनिया के निर्माण के लिए एक-दूसरे में बाँट सकें।

श्री चिन्मय जी समय-समय पर कई गौरवपूर्ण पुरस्कारों से सम्मानित हुए हैं—जैसे, पोप पाल VI के हाथों गोल्ड पेपल सील और 1995 में पेरिस स्थित यूनेस्को द्वारा नेहरू पदक। सन् 1994 में महात्मा गाँधी के 125 वें जन्म दिवस समारोह के अवसर पर भारतीय विद्या भवन, यू.एस.ए. ने श्री चिन्मय को मार्टिन लूथर किंग की पत्नी कोरेटा स्काट किंग के साथ महात्मा गाँधी विश्व एकात्मता पुरस्कार प्रदान कर सम्मानित किया। श्रीलंका के असगिरिय बौद्ध साधु संघ ने उनको "विश्व सम दूत" के सम्मान से अलंकृत किया। सन् 1976 में संयुक्त राष्ट्र संघ के महासचिव ने संयुक्त राष्ट्र संघ के रजत पदक से उनको विभूषित किया और सन् 2000 में हारवर्ड विश्वविद्यालय के प्लूरजिस्म प्रोजेक्ट द्वारा भी वे सम्मानित हुए। सन् 2001 में मसेडोनिया के राष्ट्रपति ने उनको मदर थेरेसा पुरस्कार देकर गौरवान्वित किया; सन् 1998 में रोम के राष्ट्रपति गियान फ्रैंको कोस्टा ने उनको असीसी के अन्तरराष्ट्रीय शान्ति केन्द्र की ओर से पेलेग्रिनो डी पेस (शान्ति दूत पुरस्कार) प्रदान किया। इनके अलावा श्री चिन्मय जी अनेकों सम्मानार्थ उपाधियों से भी विभूषित हुए।

श्री चिन्मय कर्मयोगी हैं जो हर जगह प्रेम, शान्ति और मैत्री के भारत के सन्देश को प्रचारित करते रहे। वे भक्तियोगी हैं जो मानव की स्वाभाविक दैवी शक्ति को प्रकाश में लाने में सहायता पहुँचाते रहे। वे ज्ञानयोगी भी हैं जिन्होंने उपनिषदों, ब्रह्म सूत्रों और भगवद् गीता की प्रामाणिक व्याख्या पेश की है। वे नादयोगी भी हैं जो सर्वोत्तम भारतीय सौन्दर्य बोध के मूर्त रूप हैं और उसे चरम आध्यात्मिकता की ऊँचाई तक पहुँचाते हैं। श्री चिन्मय जी विश्व मैत्री, समन्वय और शान्ति के पर्याय हैं।

—2014

ALPHABETICAL INDEX OF POEMS IN ENGLISH

BIBLIOGRAPHY OF BOOK TITLES BY SRI CHINMOY WHICH ARE REFERENCED BY DR. JAYARAMAN WITHIN THIS VOLUME

Dance of Life, The, Part I, Santurce, Puerto Rico: The Aum Press, 1973.

Dance of Life, The, Part III, Santurce, Puerto Rico: The Aum Press, 1973.

Eternity's Silence-Heart, New York: Agni Press, 1974.

Lord, Receive This Little Undying Cry, New York: Agni Press, 1975.

My Flute, New York, Sri Chinmoy Lighthouse, 1972.

Selections from The Dance of Life, New York: Aum Publications, 1973.

Songs of the Soul, New York: Herder & Herder, 1971.

Ten Thousand Flower-Flames, Part 100, New York: Agni Press, 1983.

Twenty-Seven Thousand Aspiration-Plants, Part 7, New York: Agni Press, 1983.

Twenty-Seven Thousand Aspiration-Plants, Part 125, New York: Agni Press, 1989.

Twenty-Seven Thousand Aspiration-Plants, Part 129, New York: Agni Press, 1990.

Twenty-Seven Thousand Aspiration-Plants, Part 135, New York: Agni Press, 1990.